たった

70ピースを
組み合わせるだけで話せる

パズル
英会話

英会話講師 **Haru**

JN112001

パズル英会話なら、
会話が止まらない!

はじめに

はじめまして! オーストラリア在住、英会話講師の Haru です。
普段はシャドーイング用のコンテンツや、YouTube や Instagram でレッスン動画などを配信しています。

英語が話せない本当の理由

みなさんは、「英語で言いたいことを言えない」「毎回言葉に詰まってしまう」といった悩みを抱えていませんか?

なかには、「文法を勉強したり、英語日記を書いたり、瞬間英作文もやってみたけど、会話になると文章を組み立てられない」という方も多いのではないでしょうか?

私も大学時代に英語学習を始めた頃は、ライティングの練習をしても意味が成り立たない文章になってしまい、スピーキングに挑戦をしても「アイシンク……ん〜」から 1 分間言葉がまったく続かなかったりと、英語に苦戦した経験があります。

でも、そうなってしまう原因は、私たちに英語のセンスがないからとか、英語の成績が悪いからとか、そういうことでは決してありません。

「英語で言いたいことを言えない」、「文章を組み立てられない」、言えたとしても「ネイティブからすると不自然に聞こえてしまう」原因は、「自分が言いたいこと」を言うためのフレーズ・言い回しを単純にみなさんが聞いたことがない、または聞いてきた回数が圧倒的に少ないからです。

「ただいま〜」と言っている人を一度も見たことがなかったら、自分が家に帰ったタイミングで「ただいま〜」は口から出てこないですよね。

「英語脳」の作り方

だから、思考回路としては、逆です。

「日本語で自分が言いたいこと」を言うために「自分でイチから英文を作る」のではなく、その「言いたいこと」を代弁できるフレーズ（パズルピース）をたくさん集めておいて、それをベースに英文を組み立てていきます。

つまり、自分でイチから単語を並べて文章を作ろうとするのではなく、既に存在している／聞いたことがある英語のパズルピースに常に頼るという思考です。

そうすることで初めて、日本語を介さずにシンプルで自然な英語を話せる「英語脳」を身につけることができます。

パズル英会話の仕組み

既にある表現に頼る場合は、「ただいま = I'm back.」のような短い文章だったら丸暗記で大丈夫です。でも、それだけではコミュニケーションを取れないですよね。

言葉には「結局〜したんだ」「〜らしいよ」「〜じゃん？」のように、細やかなニュアンスを足してくれる表現がたくさんあります。

例えば、次のような文章を見てください。

I remember I used to go to the bakery after school.
（そういえば放課後よくあのパン屋さんに行ってたなぁ）

この文章を言う時、私の頭の中ではイチから文章を作るのではなく、知っている複数のピースを繋いでいます。

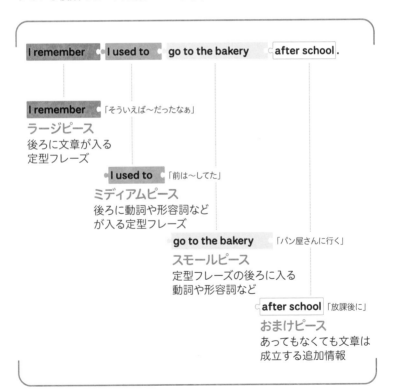

I remember ◦ I used to ◦ go to the bakery ◦ after school .

I remember 「そういえば〜だったなぁ」
ラージピース
後ろに文章が入る
定型フレーズ

I used to 「前は〜してた」
ミディアムピース
後ろに動詞や形容詞など
が入る定型フレーズ

go to the bakery 「パン屋さんに行く」
スモールピース
定型フレーズの後ろに入る
動詞や形容詞など

after school 「放課後に」
おまけピース
あってもなくても文章は
成立する追加情報

　パズル英会話では、このように文章の枠組みであるラージピース、ミディアムピースをベースとして、「動作」などのスモールピースを入れ替えていきます。

　ここでのポイントは、「そういえば〜だったなぁ」という日本語での言い回しをそのまま英語に変換しようとするのではなく、「そういえば〜だったなぁ」という感情の時に、「I remember 〜」をこの音程で言う！ということがわかっていることです。
　そうした音と感情の結びつけを習慣化することで、会話の中で最適なタイミングで最適なピースを使えるようになります。

　また、そのピースにはどんな言葉を入れられるのか？　動作をあらわす動詞なのか、状態をあらわす形容詞なのか、それとも文章なのか？　パターンを知っておくことで、ピースを自分で他の文章に応用することができます。

　最初にもお伝えしましたが、自分がこれまでに聞いたことがない、または馴染みが薄いフレーズや単語は、使えないのが普通です。
　だからこそ、まずはパズルピースのストックを増やして色んな例文に触れていきましょう。

ピースを知らないとどうなる？

　これまで英文法を中心に学習してこられた方は「そんなパターン練習必要あるの？」「自分で文章を作れるし……」と思われるかもしれません。

でも、文法事項を知っていたとしても、それらを使って即座に自然な文章を作れるかどうか？　その場に合った適切な表現に変換できるかどうか？　というのはまた別のスキルだと思います。

　例えば、「(行こうか迷ってたけど)結局家にいたんだ」と言いたい時、日本語から英語に直訳しようとすると「I was home finally.」などと口から出てくるかもしれません。
　これは文法的には合っていますが、実は意味が伝わりません。

　直訳するのではなく、これまでに聞いたことがある表現を繋ぎ合わせて「こういう時はこういう表現を使う」という思考でいると、「I ended up staying home.」という自然な表現が出てきます(この時、頭の中では、既に知っている end up ～ing と stay home というピースを繋げています)。

　文法事項がいくら頭に入っていたとしても、結局は場面に合ったピースをストックしていく必要があるんです。

ピースを自分で仕入れるのはとっても大変！

　日常英会話をこなすためのピースを自力でたくさん集めるためには、もちろんたくさんの英語に触れ、パターンを熟知する必要があります。
　時間にすると、1日2時間学習をしていてもおおよそ3年間はかかるかと思います。

　例えば、「would という単語の使い方をマスターしたい！」と思っても、

文法書の内容を理解し、日常英会話の中で would が使われる例を自分で見つけ、それをノートなどに集めていく作業はかなり労力がかかります。

初心者の方にとっては、どこで文章を区切って理解すればいいかもわからないところからのスタートとなるので、かなり難しい作業だと思います。私も実際、海外に住んでいても1つの文法事項をマスターするだけで半年以上かかりました。

ただ、私がしたように海外留学に行って多くの時間とお金を費やさなくても、たくさんのパズルピースと応用の仕方を教えてくれる人がいれば、誰でも、どこにいてももっと効率的に英会話をマスターすることができるのになぁ……と、ずっと思っていました。

「パズル英会話」の効果

そこで！　私は、これまでの海外生活で培ってきた大量の英語インプットをベースに、初中級者の方が優先的に学ぶべき文法事項やパズルピースを YouTube チャンネル「パズル英会話」にて投稿し始めました。

2020 年からこれまで 2000 人以上の方に、パズル英会話の「動画コース」やシャドーイング用教材「Shadow Me」を受講いただき、生徒さんからは下記のようなお声をいただいています。

「解説がピンポイントでわかりやすい。それ知りたかった！　といつも思う」
「何をやっても継続できない三日坊主の私ですが、Shadow Me だけは1年間続いています」
「60 歳からのやり直し英語ですが、パズル英会話でスピーキングの感覚

が掴めて嬉しいです」
「パズル英会話を始めて、独学で英語を伸ばしていくコツがやっとわかった」
「Shadow Me を受講して、TOEIC の点数が 900 点を超えました！」
「パズル英会話でスピーキングに自信を持てたおかげで、英検準 1 級に合格できました」

　本書には、私のこれまでの合計約 7 年間の海外生活と 8 年間の英語指導経験から、これだけは押さえてほしいと思うものを詰め込みました。
　英会話初中級者の方に向けたピースを主に紹介していますが、コアにある「英語をピースで覚える」という考え方は、上級者になってもずっと変わりません。
　だからこそ、英会話初中級者だけでなく上級者の方も、私のパズル英会話を推してくださっているのかなと思っています。

　英語学習に終わりはありません。私も今でも毎日新しい表現に出会っています。
　でも、パズル英会話の考えで学習のコツを掴んでしまえば、先生がいなくても、参考書がなくても、英語を「独学」できるようになります。

　英語は日本語を介さずに独学できるようになった段階から急激に伸びていきます。
　パズル英会話はみなさんを英語を独学できる段階にまっすぐ導くための「階段」だと思ってください。

本書で学んでいくこと

本書は 3 つのチャプターで構成されています。

CHAPTER 1 【基礎編】すぐに話せるピース 34

I used to ～「前は～してた」のように、後に動詞や形容詞を入れるだけですぐに使えるミディアムピースを 34 個紹介します。ミディアムピースの中身を入れ替えるためのスモールピースやおまけピースもたくさん登場するので自然に身につきます。

CHAPTER 2 【応用編】さらに表現力アップのピース 36

I remember ～「そういえば～だったなぁ」のように、後ろに文章が入るラージピースを 36 個紹介します。CHAPTER 1 で紹介したミディアムピースと組み合わせることで、より細かいニュアンスを表現できるようになります。

CHAPTER 3 【実践編】穴埋め問題に挑戦！

最後にエクササイズ（練習問題）を通して CHAPTER 1、CHAPTER 2 で学んだことを復習しましょう。

本書は、「本」なのでどうしても文字情報が中心となっていますが、英語を勉強する時は「音」を大切にしていただきたいです！

最初からご自身で例文を音読するよりも、音声を聞いて、真似をすることでよりナチュラルなイントネーションや発音を身につけることができます。無料でダウンロードいただける音声については 16 ページで案内しています。

音声と一緒にフレーズを学んでいくことで、本書以外でそのフレーズに出会った時にも認識度がぐっと上がり、スピーキングでも相手にとって聞き取りやすい音でお話しできるようになります。

　それでは、一緒にパズル英会話を始めていきましょう！

CONTENTS

CHAPTER

1 基礎編 ✻

すぐに話せる
ピース34

017

さらに表現力アップの
ピース36

🔊) 本書の音声について

本書で紹介する例文の音声は、無料でダウンロードすることができます。以下のQRコードまたはURLからダウンロードしてください。

https://movie.sbcr.jp/puzzle-eikaiwa/

音声データのトラック番号は、本書の各ページに記載されたトラック番号に紐づいています。リスニングやスピーキングなどの練習に、本書とともにご自由にご活用ください。

CHAPTER

1

基礎編

すぐに話せる
ピース
34

このチャプターでは、ミディアムピースを紹介していきます。ミディアムピースとは、基本的な文章を作るためのベースとなるものです。

ミディアムピース　スモールピース

I used to **go to the bakery**

（前はよくあのパン屋さんに行ってた）

この文章では、「I used to ＝前はよく〜していた」というピースがベースとなり、後ろに色んな言葉を入れることができます。

ミディアムピースを覚えるだけで、話し始めの引き出しが増え、会話がとても楽になります！　このチャプターでは、私が日常生活でよく聞くもの、使うものを 34 個、厳選して紹介します。

また、それぞれのピースの後ろにはどんな種類の言葉（スモールピース）が入っているのかを把握することで、実践でも応用できるようになります。

ピース 01 〜 30 では、主に動きをあらわす言葉（動詞）が入ります。

ピース 31 〜 34 では、様子をあらわす言葉（形容詞）や人やモノの名前（名詞）、場所をあらわすスモールピースが入ります。

そのピースの解説部分に登場する例文の
音声が収録されています。

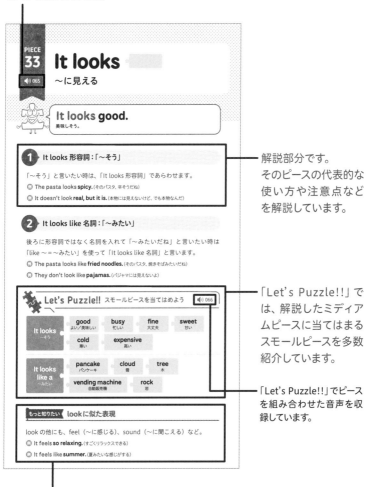

PIECE
33 **It looks**

🔊 065

〜に見える

It looks good.
美味しそう。

1 It looks 形容詞:「〜そう」

「〜そう」と言いたい時は、「It looks 形容詞」であらわします。
◎ The pasta looks **spicy.**（そのパスタ、辛そうだね）
◎ It doesn't look **real, but it is.**（本物には見えないけど、でも本物なんだ）

2 It looks like 名詞:「〜みたい」

後ろに形容詞ではなく名詞を入れて「〜みたいだね」と言いたい時は
「like 〜＝〜みたい」を使って「It looks like 名詞」と言います。
◎ The pasta looks like **fried noodles.**（そのパスタ、焼きそばみたいだね）
◎ They don't look like **pajamas.**（パジャマには見えないよ）

🧩 **Let's Puzzle!!** スモールピースを当てはめよう 🔊 066

| It looks 〜そう | good よい／美味しい | busy 忙しい | fine 大丈夫 | sweet 甘い |
| | cold 寒い | expensive 高い | | |

| It looks like a 〜みたい | pancake パンケーキ | cloud 雲 | tree 木 |
| | vending machine 自動販売機 | rock 岩 | |

もっと知りたい look に似た表現

look の他にも、feel（〜に感じる）、sound（〜に聞こえる）など。
◎ It feels **so relaxing.**（すごくリラックスできる）
◎ It feels like **summer.**（夏みたいな感じがする）

解説部分です。
そのピースの代表的な
使い方や注意点など
を解説しています。

「Let's Puzzle!!」で
は、解説したミディア
ムピースに当てはまる
スモールピースを多数
紹介しています。

「Let's Puzzle!!」でピース
を組み合わせた音声を収
録しています。

「もっと知りたい」では
解説で取り上げられなかった
応用的な内容を紹介しています。

I can

〜できる

I can show you.
見せてあげるよ。

1 ▶ I can 〜：提案として「〜してあげる」

相手を気遣って、「私、〜できるよ」「よかったら、私が〜しておくよ」と
いうふうに提案の意味を込めて、I can 〜と言うことができます。

例 I can **take a photo of you.**（写真撮ってあげるよ）

例 I can **print it for you.**（私、印刷しておくよ）

提案を受けた側は、

例 **Oh, that would be great. Thank you.**（そうしてもらえると嬉しい。ありがとう）

などと返します。

2 ▶ You can 〜：誰でもできる事実

誰でもできる一般的な事実を言う時は、You can 〜と言います。ここで
の You は、相手のことを指しているわけではなく、「みんな」のことを指
しています。

例 **You can check it on the app.**（アプリで確認できるよ）

例 **You can get there by train.**（電車でそこに行けるよ）

例 **You can use that machine for free.**（あの機械、無料で使えるよ）
　　※ for free：無料で

3 Can I 〜：「〜してもいい?」と許可を求める

I と can を入れ替えて「Can I 〜?」という疑問文にすると、許可を求める時に使えます。お店で注文をする際にもよく使われます。

例 **Can I use your charger?**（あなたの充電器使ってもいい?）

例 **Can I get a medium cappuccino, please?**（カプチーノのMを1つお願いします）

4 Can you 〜：依頼として「〜してもらえない?」

相手に何かをお願いしたい時は、Can you 〜? と聞くことができます。

例 **Can you hold my bag for a second?**（ちょっとカバン持っててくれない?）
※ for a second：少しの間

例 **Could you send me the details?**（詳細を送っていただけますか?）
※ can の代わりに過去形の could を使うとより丁寧に聞こえます。

5 I can 〜：能力や状況からして「〜できる」

I can 〜は提案だけではなく、能力や状況からして「できる」「できない」と言う時にも使われます。

例 **I can play the piano.**（ピアノを弾けます）

例 **I can't understand that movie without subtitles.**
（字幕なしでは、その映画を理解できないんだ）
※ without 〜：〜なしで
※ can の否定形は can not をくっつけて can't または cannot になります。

Let's Puzzle!! スモールピースを当てはめよう　◀)) 002

I can 〜してあげる	**show you** 見せる	**do it for you** あなたのためにやる	**ask her** 彼女に聞く
	make another one もう1つ作る	**share it with you** あなたに共有する	**drop by** 立ち寄る

CHAPTER 1

[基礎編] すぐに話せるピース 34

| You can ~できるよ | book online ネットで予約する | get it もらう | eat it 食べる |
| download it ダウンロードする | park here ここに駐車する |

| Can I ~してもいい? | try やってみる | have some 少し食べる | borrow it 借りる |
| open the box 箱を開ける | take a look 見てみる |

| Can you ~してもらえない? | come with me ついてくる | call me 私に電話する | let him know 彼に知らせる |

| I can ~できる | drive 運転する | understand it 理解する | reach it 手が届く |

もっと知りたい 動詞 tell と相性抜群

「tell =(違いが目で見て)わかる」は、can と相性がよい動詞です。

例 **I spilled some milk on my shirt. — Oh, you're fine. I can't tell.**
(シャツに牛乳こぼしちゃった — え、大丈夫だよ。わからないから)

もっと知りたい モノを主語にした場合

can はモノを主語にして使われることも多いです。

例 **The suitcase can fit in the trunk.**(スーツケース、トランクに入るよ)
※fit:サイズ的に入る

もっと知りたい 〜な可能性もある

可能性をあらわす際にも can が使われることがあります。

例 **It can get very cold in London.**(ロンドンではすごく寒くなることもある)

例 **The prices can change.**(値段が変わる可能性もある)

PIECE 02

🔊 003

I got to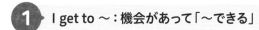
〜できた

> ## I got to see him.
> 彼に会えた。

1 I get to 〜：機会があって「〜できる」

何かを行う機会を得て「〜できる」と言いたい場合には、I get to 〜を使います。「to do する機会を get する」と考えてもわかりやすいですね。能力的に「〜できる」という意味の I can 〜とは使われ方が少し異なります。

例えば、「仕事で沖縄に行けるんだ」と言いたい時、沖縄に行く機会を得ているので、I get to 〜が使えます。

例 **I get to go to Okinawa for work.**
（仕事で沖縄に行く機会がある＝仕事で沖縄に行ける）

例 **I get to talk to the CEO tomorrow.**
（明日、CEOと話す機会がある＝明日、CEOと話せる）

2 I got to 〜：機会があって「〜できた」

機会があって「〜できた」と過去の話をする時は、get を過去形にして I got to 〜となります。とても頻繁に使われる表現です。

例 **I got to learn new English phrases.**（新しい英語フレーズを学べた）

例 **I got to take photos with a celebrity.**（有名人と写真を撮れた）

例 **I didn't get to see koalas in Australia.**（オーストラリアでコアラに会えなかった）

例 **I didn't get to go sightseeing at that time.**（その時は、観光には行けなかった）

3 **I was able to ～：能力的に「～できた」**

機会があってできたというよりも、少し頑張って、自分の能力としてできたことは、「～できる = be able to ～」であらわします。過去のことなので、be 動詞を過去形 was にした I was able to を使いましょう。

📖 I was able to **understand the meaning of the words.**（言葉の意味を理解できた）

📖 I was able to **log into the website.**（サイトにログインできた）

📖 I was able to **catch the 8 am bus.**（8時のバスに乗ることができた）

📖 I was able to **find a parking spot.**（駐車スポットを見つけることができた）

Let's Puzzle!! スモールピースを当てはめよう 🔊 004

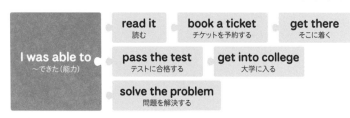

もっと知りたい **I managed to ～：「なんとか～できた」**

📖 I managed to **get there on time.**（なんとか時間通りにそこに着くことができた）

📖 I managed to **finish the meal.**（なんとか食事を食べ切れた）

もっと知りたい **I could ～「～できた」はいつ使う？**

I got to ～、I was able to ～、I managed to ～を「～できた」として紹介しましたが、can の過去形である「could」は「～できた」という意味で使われるのでしょうか？　実は、あまり使われません。基本的には I got to ～や I was able to ～であらわします。ですが、下記の場合には could が使われます。

①過去の長い間継続していた能力

例 **I could swim 1 km when I was younger.**（若い頃は1キロ泳げた）

例 **I could run fast when I was a child.**（子どもの頃は速く走れた）

②知覚動詞（五感をあらわす動詞）を使う場合

例 **I could hear the noise.**（音が聞こえた）

例 **I could feel the air pressure change.**（気圧の変化を感じられた）

③メインの文章が過去の時

I didn't know ～（～ということを知らなかった）など、過去形の文章の中に「～できる」という文を入れる場合は、can も過去形の could になります。

例 **I didn't know that you could order on the app.**

（アプリで注文できるの、知らなかった）

「あれ？　でも could ってもっとたくさん日常会話で使われている気が……」と思われた方、その通りです！　could は上記のように「できた」という意味で使うこともできますが、実は、過去ではなく未来の可能性をあらわすことのほうが多いんです！　では、どのように使われるのか？次のピース03で詳しく見ていきましょう。

I could

〜できなくはない

I could go there.
そこに行けなくはないよ。

1 I could 〜：乗り気ではない時の「できなくはない」

あまり乗り気ではなかったり、状況的に難しかったりするけれど、まあ可能かなという時、ありますよね。そんな時に「できるといえばできる」「できなくはない」という意味で I could 〜を使います。

例 **I could go to your house tomorrow.**（明日、あなたの家に行けるといえば行けるよ）

例 **I could pick it up tomorrow.**（明日、取りに行けなくもないよ）

2 It could 〜：未来予測「ひょっとしたら〜かも」

「ひょっとしたら〜ということもありえるかもしれない」という低い可能性をあらわす表現です。主語には I ではなく、モノや状況をあらわす it が入ることが多いです。

例 **It could happen.**（そういうことも起こりえるかもしれない）

例 **It could get very hot.**（すごく暑くなる可能性もあるよ）

例 **It could change your life.**（ひょっとしてそれがあなたの人生を変えるかもしれないよ）

3 I could 〜：「〜するのもいいかも」レベルの提案

あくまでも色んな選択肢があるなかでの一案としての、やわらかい提案にも could が使えます。主語が I の場合は、独り言ですね。

例 I could **make pasta tonight.**（今夜、パスタを作るのもいいかも）

例 I could **give her flowers.**（彼女にお花をあげるのもいいかも）

一緒にいる相手を誘う時は、主語を we にします。

例 We could **go to a cafe.**（カフェに行くのもいいかもね）

例 We could **play tennis tonight.**（今夜、テニスするのもいいかもね）

相手がすることへの提案なら、主語は you になります。例えば、パーティーに何を持っていけばいいか迷っている人に、

例 You could **bring chocolate.**（チョコを持っていくのはどうかな）

と提案することができます。

4 I couldn't 〜：否定文「〜できなかった」はcouldでOK

「〜できた」の意味で could が使われる頻度は少ないとお話ししましたが、否定文なら、couldn't を問題なく使えます。

例 I couldn't **finish the cake.**（ケーキを食べ切れなかった）

例 I couldn't **understand the sentence.**
（文章の意味を理解できなかった）

Let's Puzzle!! スモールピースを当てはめよう　◀) 006

| I could
 〜できなくはない | go there
 そこに行く | do it
 する | ask her
 彼女に聞く |
| | have another one
 もう1つ食べる | reschedule it
 リスケする | |

| I could
 〜するのもいいかも | take the subway
 地下鉄に乗る | watch a movie
 映画を見る | try it
 試す |

| I couldn't
 〜できなかった | find it
 見つける | hear it
 聞こえる | see it
 見える | sleep much
 よく眠る |

I should
〜したほうがいい

I should **write it down.**
書き留めておいたほうがいいな。

---

1 冷静な提案「〜したほうがいい」

自分に「〜したほうがいいな」と言い聞かせる時や、相手に「〜したほうがいいよ」と提案するときに使えます。

- 例 I should **mow the lawn.**（草刈りをしたほうがいいな）

- 例 I shouldn't **stay up late tonight.**（今日は夜更かししないほうがいい）
  ※stay up late：遅くまで起きている

- 例 Should I **get a new laptop?**（新しいパソコンを買ったほうがいいかな？）

- 例 You should **eat something.**（何か食べたほうがいいよ）

---

2 わくわくしながらの誘い「〜しようよ！」

一緒にいる相手に、わくわくしながら「〜しようよ！」と誘ったり提案したりする時には声のトーンを上げて、We should 〜と言います。

- 例 These pancakes look so good. We should **order some.**
  （このパンケーキ、すごく美味しそう。注文しようよ！）

- 例 A new cafe opened next to the station. We should **check it out!**
  （駅の隣に新しいカフェがオープンしたんだって。行ってみようよ！）
  ※check out 〜：（新しい物などを）視察する

相手に何かを勧める時にも You should 〜を使えます。

- 例 You should **try the crepe. It's so good.**
  （クレープ食べてみなよ。すごく美味しいから）

3 maybeでニュアンスを和らげる

ここまで見てきたように、should は勧める表現です。それを、「〜したほうがいいかも」と和らげたい時には、たぶん = maybe が文頭に入ります。You could 〜「するのもいいかもね」はやんわり 20% くらいで勧めていたのに対して、Maybe you should 〜は 60% くらいの強い気持ちで勧めている感じです。

例 **It's getting dark. Maybe you should go home soon.**
（暗くなってきたね。そろそろ帰ったほうがいいかもよ）

例 **Many people are sick today. Maybe we should cancel tennis practice.**
（今日は体調が悪い人が多い。テニスの練習はやめたほうがいいかもね）

4 もっと推したい時はdefinitely

逆に「絶対〜したほうがいい！」「絶対〜しようよ！」と提案の度合いをさらに上げたい時は、definitely「絶対」を should の後に入れましょう。

例 **We should definitely hike Mt. Fuji.** (富士山に絶対登ろうね)

例 **You should definitely watch this movie.** (この映画、絶対に見たほうがいいよ)

5 shouldは推測にも使える

自分の推測で、「〜するはず」「〜なはず」と言いたい時にも should を使えます。「〜したほうがいい」とは全然意味が違うので注意しましょう。

例 **I should have a pen in my bag.** (カバンの中にペンがあるはず)

例 **She should know how to use the machine.**
（彼女がその機械の使い方を知ってるはず）
※how to 〜：〜する方法

例 **It should have instructions.** (説明書きがあるはず)

Let's Puzzle!! スモールピースを当てはめよう ◀)) 008

I should
〜したほうがいい

- **write it down**
  書き留める
- **buy a new one**
  新しいものを買う
- **take a screenshot**
  スクショする
- **bring a jacket**
  上着を持ってくる
- **clean my room**
  部屋を掃除する

We should
〜しようよ!

- **do it**
  それをする
- **apply for it**
  応募する
- **book a ticket**
  チケットを取る
- **take a look**
  見てみる
- **look it up**
  調べる

Maybe we should
たぶん〜したほうがいい

- **let her know**
  彼女に知らせる
- **wait here**
  ここで待つ
- **throw it away**
  捨てる
- **double-check**
  再確認する
- **invite him**
  彼を誘う

It should
〜するはず

- **have spoons**
  スプーンが入ってる
- **finish by 5**
  5時までに終わる
- **start at 8**
  8時に始まる
- **come in an hour**
  1時間後に来る
- **stop raining soon**
  もうすぐ雨が止む

I will

〜しておくね

> **I will let you know.**
> 知らせるね。

1 ▶ 自分の意思として「〜しておくね」「〜しよっと」

「〜しておくね／するね」と自分の意思を伝えるだけでなく、「〜しよっと」のように自分に対する独り言としても I will 〜を使います。前々からの計画ではなく、その時に決めたことをあらわす際に使われることが多いです。I と will をくっつけて、I'll とよく短縮されます。

例 **I will check my schedule.** (スケジュール、確認しておくね)

例 **I will pick you up at the station.** (駅まで迎えに行くね)

例 **I'll have a cheese burger.** (チーズバーガーにしようっと)

例 **I'll take a shower tomorrow morning.** (明日の朝シャワーしようっと)

否定文「〜しないでおこう」は、will not を短縮して won't となります。

例 **Are the desserts good?** (ここのデザート美味しい?)

　── **No, not really.** (ううん、そんなに)

　── **OK, then I won't order any.** (そっか。じゃあ頼まないでおこう)

2 ▶ 予想としての「〜だろう」

「きっと〜だろう」と確信度が高い予想をあらわす際にも、will を使います。主語は自分以外の人やモノになることが多いです。否定文「きっと〜でないだろう」は、won't になります。

例 It will **rain tomorrow.**（明日、雨が降るだろう）

例 It won't **snow tomorrow.**（明日、雪は降らないだろう）

例 **He missed the bus, so he'll be late.**（彼はバスを逃したから遅れるだろう）

例 **It'll be fine.**（きっと大丈夫だよ）

Let's Puzzle!! スモールピースを当てはめよう ◀) 010

I'll 〜しておくね 〜しよっと		
let you know あなたに知らせる	**try it** 試してみる	**make some tea** お茶を入れる
book a table 席を予約する	**check the weather** 天気を確認する	

It will 〜だろう		
close at 6 6時に閉まる	**come in 5 minutes** 5分後に来る	
clear up soon もうすぐ晴れる	**be OK** 大丈夫	**be fun** 楽しい

もっと知りたい 「won't」の使い方

won't を用いる否定文には、人やモノが頑固で「どうしても〜しようとしない」という意味もあります。

例 **She won't listen to me.**（彼女はどうしても私の話を聞かない）

例 **The door won't open.**（どうしてもドアが開かない）

I would

〜だろう

> ## He would like it.
> 彼、それを気に入ると思うよ。

単に will の過去形だと認識されがちな would ですが、実は使い方はそれだけではないんです。ここで見ていきましょう。

1 「〜だろう」の意味だけど、willとちょっと違う！

ピース 05 で出てきた will と今回の would はどちらも「〜だろう」と訳すことができます。とても細かいニュアンスの違いなのですが、一応その違いを説明しますね。
例えば、男性にプレゼントをあげようと思っている相手に「彼、それを気に入ると思うよ」と言いたい場合。

例 He will like it.（彼、それ絶対気に入るよ！）

例 He would like it.
（彼、もしもそれをあげたら気に入ると思うよ）

どちらも自然な表現ですが will はすでに何かをあげることが決まっている／具体的に何をあげるかが決まっている状況で「○○をあげる→きっと気に入るよ！」という確信度が高い現実的・直接的なニュアンスがあります。

He will like it.

He would like it.

それに対して would は、まだあげること自体が決まっていない／何をあげるかが決まっていない予定段階の表現です。「○○をあげるかもしれない→もしもそれをあげたら気に入るだろう」という仮定的なニュアンスが生まれます。

他にも例えば、商品を注文する際、もう注文することが決まっている場合には

例 When will it arrive?（いつ届きますか?）

と直接的に聞きますが、まだ注文もしておらず、注文内容も決まっていない場合には

例 When would it arrive?（もしも注文したらいつ届きますか?）

という聞き方になります。

2 私だったら「〜だろう」

「私だったら〜するだろうな」という仮定的な表現にも、would を使えます。「私だったら〜する→あなたもそうしたら?」というふうにも受け取れるので、相手に少し遠回しに提案をしたい時にも I would 〜が使えます。

例 I would use a spoon for that.（私だったらスプーンを使うなぁ＝スプーンを使ったら?）

例 I wouldn't reply to that message.
（私だったらそのメッセージに返信しないな＝しないほうがいいんじゃない?）

3 would を使うと控えめで丁寧な印象に

would は控えめで丁寧な文章を作る時にも使えます。日本語でいう敬語のような言い回しになります。

元の文 ：**Is it OK if I open the box?**（この箱、開けてもいい?）

丁寧な文：**Would it be OK if I open the box?**（この箱を開けてもいいですか?）

元の文 ：**Do you want some tea?**（お茶はどう?）

丁寧な文：**Would you like some tea?**（お茶はいかがですか?）

「want ＝ほしい」を丁寧にする場合は would like でセットとなります。

もっと知りたい　どうしてwouldがこんな意味になるのか？

どうして will の過去形 would が、ここで紹介した①〜③のように、過去ではないいろいろな意味になるのでしょうか？

過去形 would は、イメージとしては現実から少し距離を置いた言葉です。単純に過去の意味で使う場合、現在から離れた過去のことを言っています。①②で紹介した仮定的なニュアンスも、「もしも」のことを言う、現実から距離のある表現です。③で紹介した丁寧語としての would も、親しい間柄よりも距離のある関係性の人に対して使われます。

このように、純粋に過去形として使うのも、仮定的なニュアンスのために使うのも、丁寧語として使うのも、どれも距離感で考えると理解しやすいですね。

過去

仮定

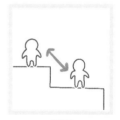

丁寧

4　過去の時点から見た「〜だろう」

「I thought 〜：〜だろうと思った」「I knew 〜：〜だろうとわかってた」など過去形の文章では、内容部分も過去の時点で「〜だろう」と推測していたことなので、will ではなく would を使います。

例 **I thought she would come.**（彼女は来るだろうと思ってた）

例 **I knew he would get mad.**（彼は怒るだろうとわかってた）

Let's Puzzle!! スモールピースを当てはめよう ◀)) 012

She would
もしそうしたら彼女は
〜するだろう

say yes はいと言う・許可する	**say no** いいえと言う・断る
laugh 笑う	**be upset** 怒る
	be sad 悲しむ

That would be
もしそうしたら〜だね

nice いい **great** いい **amazing** 最高だ

awesome 最高だ

I would
私だったら〜する

bring a jacket 上着を持っていく **cut it in half** 半分に切る

get changed 着替える **try again** もう1回やってみる

Would you like
〜はいかがですか?

a drink 飲み物 **some chocolate** チョコレート

another one もう1つ **anything else** 他に何か

a receipt レシート

PIECE 07

013

I'm ing

～している

I'm waiting for the bus.
今、バスを待ってるところ。

1 今まさにしていること

I'm ～ing で、今している動作をあらわすことができます。後ろに今＝now を入れても入れなくても OK です。

例 **I'm driving now.**（今、運転してるんだ）

例 **I'm doing the dishes now.**（今、お皿を洗ってる）

例 **I'm heading to the station.**（今、駅に向かってる）
※head to ～：～へ向かう

今まさに行っていることだけでなく、一定期間続いていることもあらわします。

例 **I'm asking her about Sunday.**（彼女に日曜日の予定を聞いてるところなんだ）

例 **I'm hoping to get the results on Monday.**（月曜日に結果が出るといいな）
※hope to ～：～することを願う

例 **I'm thinking of moving.**（引っ越そうかなと思ってるんだ）
※think of ～ing：～しようかなと思う

2 最近の習慣

最近の習慣も I'm ～ing であらわせます。

例 **I'm using this shampoo.**（最近、このシャンプーを使ってるんだ）

例 **I'm studying for the TOEIC test.**（最近、TOEICのための勉強をしてるんだ）

例 **I'm living in Tokyo.**（今、東京に住んでるんだ）

ずっと東京に住んでいる場合には現在形 live を使って

 I live in Tokyo.

と言えますが、一時的に住んでいて、引っ越す予定がある場合は

 I'm living in Tokyo.

と言われることが多いです。

3 これから行うこと

これから行う未来のことをあらわす際にも、I'm ～ing を使います。今日のことでも、来年のことでもあらわすことができます。

①や②の意味と区別するために、後ろに時をあらわす言葉（today、next month など）が入っていると、未来のことだと伝わりやすいです。

 I'm going to the office today.（今日、オフィスに行くんだ）

 I'm going to Australia next year.（来年、オーストラリアに行くんだ）

 I'm catching up with a friend today.（今日、友達に会うんだ）
　※catch up with ～：～と会って話す

 Let's Puzzle!! スモールピースを当てはめよう　◀)) 014

waiting for the bus バスを待つ	**watching TV** テレビを見る
I'm 今～してる / **trying to sleep** 寝ようとする	**looking at the website** サイトを見る
making dinner 夕食を作る	**having dinner** 夕食を食べる

I'm
最近～してる

learning English
英語を勉強する

taking classes
授業を受ける

taking supplements
サプリメントを摂取する

using this app
このアプリを使う

growing plants
植物を育てる

working on this project
このプロジェクトに取り組む

I'm
～する予定

going there tomorrow
明日そこに行く

taking the train tomorrow
明日電車で行く

ordering a pizza tonight
今夜ピザを注文する

joining a workshop on Thursday
木曜日、ワークショップに参加する

playing baseball on Sunday
日曜日に野球をする

seeing her on the weekend
週末彼女と会う

PIECE 08

🔊 015

I have to

～しなきゃ

> # I have to email her.
> 彼女にメールしなきゃ。

1 I have to ～：「～しなきゃ」

- 例 I have to **wake up early tomorrow.**（明日、早起きしなきゃ）
- 例 I have to **book a dentist appointment.**（歯医者の予約をしなきゃ）
- 例 I have to **buy carrots and onions.**（人参と玉ねぎを買わなきゃ）

2 Do I have to ～？：「～しなきゃダメ？」

- 例 Do I have to **pay by card?**（カードで支払わないとダメですか？）
- 例 Do I have to **wear a suit?**（スーツを着ないとダメ？）

3 I don't have to ～：「～しなくてもいい」

否定文になると、「～しなくてもいい」という意味になります。「～しては
いけない」という意味にはならないので、注意しましょう。

- 例 I don't have to **prepare a lunch box for my child today.**
  （今日は子どものお弁当を準備しなくてもいいんだ）
- 例 I don't have to **go to school today.**
  （今日は学校に行かなくてもいいの）
- 例 I don't have to **worry about time today.**
  （今日は時間の心配をしなくていいんだ）

4 You don't have to ～：「～しなくてもいいよ」

相手に「～しなくてもいいよ」と伝える場合にも、相手だけではなく一般的に「～しなくていい」ということを言いたい場合にも使えます。

例 **You don't have to bring anything.**（何も持ってこなくていいよ）

例 **You don't have to do anything. Just relax.**
（何もしなくていいよ。ただリラックスしてて）

例 **You don't have to press any button. It's automatic.**
（ボタンを押さなくてもいいよ。自動だから）

例 **You don't have to cook the salmon. You can eat it raw.**
（そのサーモン、調理しなくてもいいよ。生で食べられるから）

🧩 Let's Puzzle!! スモールピースを当てはめよう 🔊) 016

I have to
～しなきゃ

- **email her** 彼女にメールを送る
- **do the laundry** 洗濯をする
- **hang clothes** 服を干す
- **wipe the table** 机を拭く
- **walk my dog** 犬の散歩をする

I don't have to
～しなくてもいい

- **put on makeup** 化粧をする
- **do the dishes** お皿を洗う
- **pick it up** 取りに行く
- **remember everything** 全部覚える
- **attend the meeting** 会議に出席する

You don't have to
～しなくてもいいよ

- **heat it up** それを温める
- **wash it** それを洗う
- **tell her** 彼女に伝える
- **finish it** 全部食べる
- **put anything on it** 何かをかける

PIECE 09

🔊 017

I might ▬▬

〜しようかな

I might read a book.

本を読もうかな。

1 確信度の低い未来予測

「〜するかもしれない」という可能性をあらわす意味で、might が使われます。will「するだろう」と比べると確信度合いは低めです。

🔵 I might **get to the station before 6.**（6時よりも前に駅に着くかも）

🔵 He might **come to the party too.**（彼もパーティーに来るかも）

🔵 It might **rain in the afternoon.**（午後に雨が降るかも）

英語で天気を表現する時、主語は it を使います。元の文章は、It rains.「雨が降る」になります。ここに might を入れて「雨が降るかもね」というニュアンスを加えています。

もっと知りたい　mightとmayの違い

might とほぼ同じ意味で may を使うことができます。厳密には may のほうが少し「かもしれない」確信度合いは高いとされています。私の感覚では will（90%）- may（50%）- might（40%）の順番です。日本語の「たぶん」「おそらく」も人によって度合いが違うように、英語ネイティブの方でも人や地域によって might と may のどちらを使うかが変わってきます。

2 意思が弱めの思いつき

「〜するかも」から派生して、思いついたことを「〜しようかな」と相手に伝えたり、独り言としてぼそっと口にする時も I might 〜を使うことができます。こちらも I will 〜「〜しよう」と比べると意思は弱めです。

- 例 I might **get a latte.** （ラテにしようかな）
- 例 I might **go for a walk.** （散歩に行こうかな）
- 例 I might **bring a jacket just in case.** （念のため上着を持っていこうかな）
  ※just in case：念のため
- 例 I might **buy another suit.** （もう1着スーツを買おうかな）

Let's Puzzle!! スモールピースを当てはめよう　◀)) 018

I might
〜するかも

- **have some tissues** ティッシュを持ってる
- **eat it later** 後で食べる
- **come home early today** 今日は早く帰る

I might
〜しようかな

- **read a book** 本を読む
- **order it** それを注文する
- **do it again** もう一回やる
- **stay home** 家にいる
- **watch a movie** 映画を見る

もっと知りたい **I have to + I might**

ピース08でご紹介した I have to 〜「〜しなきゃ」と合体させて、I might have to 〜「〜しなきゃいけないかも」と言うことができます。

- 例 I might have to **work late tonight.** （今夜は遅くまで仕事しなきゃいけないかも）
- 例 I might have to **cancel.** （キャンセルしなきゃいけないかも）
- 例 You might have to **book online.** （ネットで予約しなきゃいけないのかもよ）
- 例 You might have to **put it in the fridge.** （それ、冷蔵庫に入れなきゃいけないかもよ）

There is/are
〜がある／いる

There is someone inside.
中に誰かいるよ。

1 どこどこにある／いることを示す

モノや人が「ある／いる」と言いたい時、単数なら There is 〜、複数なら There are 〜で表現します。場所の情報が文末に加わることが多いです。

例 **There is a vending machine here.**（ここに自動販売機があるよ）

例 **There is a big clock at the station.**（駅に大きな時計がある）

例 **There are nice cafes in the city.**（市街にはいいカフェがあるよね）
　　※the city：中心地、街、市街地

例 **There isn't a sign at the gate.**（入口には看板がないよ）

例 **There aren't many tourists on Wednesdays.**（水曜日は観光客が少ないよ）

例 **Is there an air conditioner in this room?**（この部屋にエアコンある?）

例 **Is there someone in the bathroom?**（トイレの中に誰かいる?）

例 **Are there snacks in the cupboard?**（戸棚の中にお菓子ある?）

例 **Are there any problems?**（何か問題ある?）
　　※any：何か

2 shouldと合わせて「あるはず」、mightと合わせて「あるかも」

これまでに出てきたピース 04「should ＝〜するはず」、ピース 09「might ＝〜するかもしれない」と組み合わせて使われることもあります。should や might の後には動詞の原形が入るため、is/are は be に変化し、There should be 〜、There might be 〜となります。

🔴 There should be **kangaroos here.** (ここにカンガルーがいるはず)

🔴 There should be **coins in the jar.** (ジャーにコインが入ってるはず)

🔴 There might be **foxes around here.** (ここら辺にキツネがいるかも)

🔴 There might be **a sale this weekend.** (今週末にセールがあるかも)

ピース 04 でご紹介した It should have instructions. (説明書きがある
はず) は、There should be instructions. と言い換えることもできます。

Let's Puzzle!! スモールピースを当てはめよう 🔊 020

There is/are
〜がある／〜がいる

someone inside
中に誰か

a container in the fridge
冷蔵庫の中にタッパー

mosquitoes outside
外に蚊

files on the desk
デスクの上にファイル

many people today
今日、たくさんの人

Is/Are there
〜ある?／〜いる?

a bus stop nearby
近くにバス停

Wi-Fi here
ここにWi-Fi

room in the car
車にスペース

people from other countries
他の国から来た人たち

any good restaurants around here
ここら辺にいいレストラン

PIECE 11

🔊 021

Let me

～させて

Let me call you back later.
あとでかけ直させて。

1 Let me ～：「～させて」

let は元々は「許す」という意味なので、Let me ～は「～することを許して＝～させて」という意味になります。
ですが、Let me ～は許可を真剣に求めているわけではありません。日本語の「ちょっと～させてね」と同じように、実際には相手から許可をもらわなくてもいいようなことを言う時に使います。Let me ～と言いながらもうその動作を行い始めているようなイメージなので「～するね」とも訳せます。

例 Let me **check my schedule.**（ちょっとスケジュールを確認させて）

例 Let me **put on my glasses.**（ちょっと眼鏡をかけるね）

例 Let me **get back to you.**（折り返し連絡させてください）

2 I'll let you know ～：「知らせるね」

日常的によく使う表現として、自分が相手に「知らせるね」という意味で、I'll let you know ～も覚えておくと便利です。「～」には、知らせるタイミングや内容が入ります。

例 I'll let you know **if I find it.**（それを見つけたら知らせるね）

例 I'll let you know **when it's done.**（出来上がったらお知らせしますね）
※～ is done：～が終わる／出来上がる

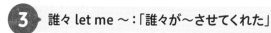

例 I'll let you know **how it goes.**（また様子を知らせるね）
※how it goes：それがどうなるか＝様子

例 I'll let you know **how to get there.**（そこへの行き方を知らせるね）
※how to ～：～する方法

3 誰々 let me ～：「誰々が～させてくれた」

誰かが私に～させてくれた（許可してくれた）ことを話す時に使います。
「～させてくれた」のは過去のことですが、let は過去形でも形が変わらないので、このままで大丈夫です。

例 Tom let me **borrow a book.**（トムが本を貸してくれた）

例 He let me **drive his car.**（彼が彼の車を運転させてくれた）

例 They let me **take a photo of the painting.**（絵画の写真を撮らせてくれた）

Let's Puzzle!! スモールピースを当てはめよう　◀)) 022

| Let me ～するね | call you back later あとで電話をかけ直す | check 確認する | take a look 見る |
| | ask her 彼女に聞く | think about it それについて考える | double-check 再確認する |

| I'll let you know ～を知らせるね | the schedule スケジュール | the date 日にち | the time 時間 |
| | the rules ルール | the price 料金 | the details 詳細 | the results 結果 |

PIECE 12

🔊 023

I forgot to

〜し忘れた

I forgot to charge my phone.

携帯を充電し忘れちゃった。

1 I forgot to 〜：「〜し忘れちゃった」

forget to 〜で「〜し忘れる」という意味です。過去形 I forgot to 〜で「〜し忘れてしまった」というふうに使います。

例 I forgot to **add the salt.**（塩を入れ忘れちゃった）

例 I forgot to **set an alarm.**（アラームをかけ忘れた）

例 I forgot to **take it out of the dryer.**（それを乾燥機から出すのを忘れてた）

2 Don't forget to 〜：「〜し忘れないでね」

「〜し忘れないでね」と言いたい時は、前に don't を置いて、Don't forget to 〜であらわすことができます。don't という言葉を使った禁止の命令文ですが、トーンを明るくして語尾を少し上げることで、優しく聞こえます。

例 Don't forget to **take out the garbage.**（ゴミを出すのを忘れないでね）

例 Don't forget to **drink water. It's very hot today.**
（水を飲むのを忘れないでね。今日はすごく暑いから）

例 Don't forget to **clean up your room. Guests are coming today.**
（部屋を片づけるのを忘れないでね。今日はお客さんが来るから）

Let's Puzzle!! スモールピースを当てはめよう 🔊 024

I forgot to
〜し忘れた

- **charge my phone** 携帯を充電する
- **withdraw money** お金を引き出す
- **bring a water bottle** 水筒を持ってくる
- **return the book** 本を返す
- **take a photo** 写真を撮る
- **buy milk** 牛乳を買う

Don't forget to
〜し忘れないで

- **lock the front door** 玄関のドアに鍵をかける
- **wash your hands** 手を洗う
- **do your homework** 宿題をする
- **brush your teeth** 歯を磨く
- **take notes** メモをする
- **water the flowers** 花に水をやる

もっと知りたい もうしたことを忘れた場合は？

I forgot to 〜はその動作をすることを忘れてしまっているので、「まだ実際にはしていないこと」をあらわしています。Don't forget to 〜「〜するのを忘れないでね」も、まだその動作をしていない状態ですよね。

それに対して、例えば「バナナを買ったことを忘れてた」「彼女がピアノを弾けるってことを忘れてた」など、実際にもう行ったことや、事実を忘れた場合には、I forgot (that) 〜であらわすことができます。こちらは114ページで詳しくご紹介します。

PIECE 13

🔊 025

I decided to
〜することにした

I decided to **go there.**
そこに行くことにした。

1 否定文の作り方に注意！

- 例 I decided to **move to Tokyo.**（東京に引っ越すことにした）
- 例 I decided to **go on a diet.**（ダイエットをすることにした）
- 例 I decided to **take the TOEIC test.**（TOEICを受けることにした）
- 例 I decided to **start journaling.**（日記を書くことにした）

否定文「〜しないことにした」は、I didn't decide to 〜ではなく、I decided not to 〜であらわします。

- 例 I decided not to **go there.**（そこに行かないことにした）
- 例 I decided not to **move.**（引っ越さないことにした）
- 例 I decided not to **buy a car.**（車を買わないことにした）
- 例 I decided not to **join the team.**（そのチームに入らないことにした）

Let's Puzzle!! スモールピースを当てはめよう 🔊 026

I decided to 〜することにした	study French フランス語を勉強する	sign up for the course そのコースに申し込む
	sell my car 車を売る	change my job 転職する

I ended up ████ing

結局〜した

> ## I ended up staying home.
> 結局家にいた。

1 なんとなく流れでしたことに使う

ピース 13 の I decided to 〜は、「よし、こうしよう」と自分で決めたことをあらわすフレーズでした。今回は、計画していたわけではないけど、なんとなく流れで「結局〜した／してしまった」と言いたい時に使える I ended up 〜ing を見ていきましょう。

例 I ended up going to the party.（結局パーティーに行くことにした）

例 I ended up watching the whole series.（結局シリーズ全作を見た）

例 I ended up ordering the same thing.（結局同じものを頼んだ）

例 I ended up staying up late last night.（昨日の夜、結局遅くまで起きちゃってた）

2 否定文の作り方はどちらでもOK

否定文は、I ended up not 〜ing と I didn't end up 〜ing の両方が使われます。どちらを使っても大丈夫です。

例 I ended up not buying the handbag.
（結局そのハンドバッグを買わなかった）

例 I ended up not wearing the hat.（結局帽子をかぶらなかった）

例 I didn't end up using the towels.（結局タオルを使わなかった）

例 I didn't end up taking the class.（結局授業を受けなかった）

Let's Puzzle!! スモールピースを当てはめよう 🔊) 028

I ended up
結局〜した

staying home
家にいる

using it
それを使う

buying the shoes
その靴を買う

taking the train
電車に乗る

eating it
それを食べる

making it on time
時間に間に合う

I ended up not
結局〜しなかった

calling him
彼に電話をする

taking a nap
昼寝をする

ordering it
注文する

throwing it away
それを捨てる

subscribing to it
購読する

applying for the job
仕事に応募する

15

🔊 029

I tend to

〜しがち

> ## I tend to buy too much.
> ついつい買いすぎちゃうんだ。

「〜しがち」「ついつい〜しちゃう」

tend to 〜は「〜する傾向にある」という意味です。日常会話で、「私って〜しがちなんだよね」「ついつい〜しちゃうんだよね」などと言いたい時にも I tend to 〜で文章を始めることができます。

例 I tend to **eat too many sweets.**（ついつい甘いものを食べすぎちゃうんだよね）

例 I tend to **listen to the same song over and over.**
（ついついずっと同じ曲を聞いちゃうんだ）

例 I tend to **go to that bar on Fridays.**（私、金曜日はあのバーに行きがちなんだ）

例 I tend to **get nervous in a new place.**（新しい場所では緊張してしまうんです）

例 I tend to **forget people's names easily.**（私、人の名前をすぐ忘れちゃうんだ）

例 I tend to **wake up early in the morning.**（私、朝は早く起きるほうなんだ）

例 I tend to **check Instagram a lot when I'm bored.**
（退屈になると、インスタグラムをよく見てしまうんだ）

例 I tend to **plan things ahead.**（私は物事を早めに計画するほうなんだ）

[基礎編] すぐに話せるピース

34

I tend to ～しがち	buy too much 買いすぎる	drink too much 飲みすぎる	forget 忘れる
	procrastinate 先延ばしにする	stay up late 夜更かしする	

もっと知りたい　主語がIではない場合

主語が他の人やモノで1つの場合には、tend に s が付きます。

例 He tends to **take long showers.**（彼はシャワーが長くなりがちだ）

例 That bus tends to **be late.**（あのバスはよく遅れるよね）

もっと知りたい　もっと頻繁ならalwaysを使おう

tend to ～は傾向をあらわすので80％くらいの割合で行うことをあらわしますが、それよりも頻度が高い場合は「いつも～する＝I always ～」を使えます。

例 I always **forget to buy eggs.**（いつも卵を買うのを忘れる）

例 I always **miss the 7 am bus.**（いつも7時のバスを逃しちゃうんだ）

例 He always **has sandwiches for lunch.**（彼はいつもランチにサンドイッチを食べる）

PIECE

16

🔊 031

I used to ▬

前は〜してた

I used to live there.

前はそこに住んでた。

1 以前はしていたけど今はしていないこと

used to 〜は「昔は／以前は〜していた」という意味で、以前はしていたけど今はしていないことについて話す際に使います。

- 例 I used to **play soccer.**（前はサッカーをしてたんだ）
- 例 I used to **like this band.**（前はこのバンドが好きだった）
- 例 I used to **come to this store often.**（昔はよくこのお店に来てました）
- 例 I used to **be a teacher.**（私、昔は先生だったんだ）
- 例 I used to **weigh 60 kilos.**（私、昔は60キロだったんだ）
  ※ weigh 〜：〜の重さがある
- 例 Gas used to **be cheaper.**（前はガソリンがもっと安かった）

2 店や企業なら「They used to 〜」

「お店や企業」の話をしている時は、主語を they（彼ら）として They used to 〜「あそこは前は〜だった」と言います。

- 例 They used to **give you bags for free.**（前は袋を無料でくれた）
- 例 They used to **have cream donuts.**（前はクリームドーナツを売ってた）
- 例 They used to **be open till 9.**（前は9時まで開いてた）

CHAPTER 1 ［基礎編］すぐに話せるピース 34

055

Let's Puzzle!! スモールピースを当てはめよう 🔊 032

I used to
前は〜してた

live there
そこに住む

travel a lot
たくさん旅行に行く

play the piano
ピアノを弾く

park here
ここに駐車する

do karate
空手をする

They used to
あそこは前は〜してた

close at 7 pm
7時に閉まる

sell alcohol too
お酒も売る

have a lunch special
ランチスペシャルがある

have takeout
テイクアウトがある

have karaoke upstairs
カラオケが上の階にある

be popular
人気だ

be quiet on Sundays
日曜は人が少ない

もっと知りたい There is/are + used to

「前はここに〜があった」と言いたい場合には、ピース10で出てきた There is/are と組み合わせて、There used to be 〜と表現できます。

例 **There used to be a cake shop here.**（昔はここにケーキ屋さんがあった）

例 **There used to be a sign at the entrance.**（前は入口に看板があった）

PIECE
17
🔊 033

I feel like ▬▬ing

〜したい気分

> **I feel like going for a walk.**
> 散歩に行きたい気分だ。

1 I feel like 〜ing：「〜したい気分」

例 I feel like **tak**ing a nap. （昼寝をしたい気分だなぁ）

例 I feel like **stay**ing home today. （今日は家にいたい気分なんだ）

例 I feel like **eat**ing something sweet. （甘いものを食べたい気分だ）

2 I feel like 食べ物／飲み物：「〜の気分」

後ろに食べ物や飲み物が入る場合は、eating/having/drinking を省略して、「I feel like 食べ物／飲み物」だけでも OK です。

例 I feel like **Italian food.** （イタリアンの気分だ）

例 I feel like **coffee.** （コーヒーの気分だ）

3 I don't feel like 〜ing：「〜する気分じゃない」

例 I don't feel like **go**ing to the gym today. （今日はジムに行く気分じゃないんだ）

例 I don't feel like **study**ing English today. （今日は英語の勉強をする気分じゃないな）

例 I don't feel like **do**ing anything today. （今日は何もしたくない気分だ）

Let's Puzzle!! スモールピースを当てはめよう 🔊) 034

I feel like
〜したい気分

- **going for a walk** 散歩に行く
- **baking cookies** クッキーを焼く
- **watching a movie** 映画を見る
- **going shopping** 買い物に行く
- **going to the beach** 海に行く

I feel like
〜の気分

- **a burger** ハンバーガー
- **noodles** 麺類
- **a soda** 炭酸飲料
- **cocoa** ココア
- **something warm** 何か温かいもの
- **something savory** 何かしょっぱいもの

I don't feel like
〜する気分じゃない

- **cooking** 料理をする
- **going to bed** 寝る
- **going out** 出かける
- **cleaning** 掃除をする
- **replying to the emails** メールに返信をする

PIECE 18

🔊 035

I'm excited to/for

〜するのが楽しみ

> **I'm excited to see you.**
> 会えるのが楽しみ。

1 「〜するのが楽しみ」なら to

「楽しみ！」とだけ言いたい場合は、I'm excited! で OK ですが、「〜することが楽しみ」と動詞を後ろに置く場合は、to で繋ぎます。

例 **I'm excited to visit the UK.**（イギリスに行くのが楽しみ）

例 **I'm excited to explore the city.**（街を散策するのが楽しみ）

例 **I'm excited to work with you.**（一緒にお仕事できるのが楽しみです）

2 「〜が楽しみ」なら for

「〜が楽しみ」と後ろに動詞ではなく名詞を入れる場合は、for で繋ぎます。基本的に英語では、to ＋動詞、for ＋名詞のセットになります。I forgot to 〜、I tend to 〜なども、to の後ろに動詞の原形が入っていましたね。

例 **I'm excited for the party.**（パーティーが楽しみ）

例 **I'm excited for tomorrow.**（明日が楽しみ）

例 **I'm excited for the dessert.**（デザートが楽しみ）

3 get と組み合わせて「楽しみな状態になる」

今楽しみだという状態をあらわすのではなく、こういう状況になると「楽しみになる」や、こういう状況だから「楽しみになった」などと言いたい

時は、be 動詞ではなく「get 〜：〜な状態になる」を使います。

🔊 例 I get excited for Christmas. (クリスマスになるとわくわくする)

🔊 例 I get excited when I see my favorite number.
（好きな番号を見つけるとわくわくする）
※when 〜：〜する時

他にも、興奮してつい話しすぎてしまったり、大きい声を出してしまったりした時に、次のように言っている人をよく見かけます（笑）。

🔊 例 Sorry, I got a little excited. (ごめん、ちょっと興奮しちゃった)

Let's Puzzle!! スモールピースを当てはめよう 🔊)) 036

I'm excited to 〜するのが楽しみ		
see you あなたに会う	talk to you あなたと話す	
learn new things 新しいことを学ぶ	join the team チームに入る	

I'm excited for 〜が楽しみ		
the event イベント	the wedding 結婚式	the trip 旅行
the movie 映画	Sunday 日曜日	

もっと知りたい フォーマルな場面では？

よりフォーマルな場面では、I'm looking forward to 〜というフレーズを使います。こちらは to ですが、後ろには動詞の ing 形、または名詞が入るので注意です。先ほど to ＋動詞、for ＋名詞のルールをご紹介したばかりですが、これは例外ですね。メールの末尾でもよく使われます。

🔊 例 I'm looking forward to the festival. (お祭りを楽しみにしています)

🔊 例 I'm looking forward to seeing you. (お会いできるのを楽しみにしています)

🔊 例 I'm looking forward to hearing from you. (お返事を楽しみにしています)

PIECE 19

🔊 037

I'm ready to/for

もう〜できる

I'm ready to go.

もう行けるよ。

1 「〜する準備ができている」ならto

I'm ready to 〜で「〜する準備ができている」、つまり「もう〜できる」
という意味になります。

例 **I got changed and put on makeup. Now I'm ready to leave.**
（着替えて、化粧もした。もう出発できるよ）

例 **I already cut the vegetables and the meat, so I'm ready to start
cooking now.**（もう野菜とお肉を切ったから、料理し始められるよ）

例 **He can do front crawl now, so he's ready to go up to the next level.**
（彼はクロールができるから、もう次のレベルに上がれる）

否定文にすると、「まだ準備ができていない」という意味になります。

例 **I'm not ready to leave yet.**（まだ出発する準備ができていない）

疑問文で「〜する準備はできてる？」と聞くこともできます。

例 **Are you ready to order?**（ご注文はお決まりですか?）

2 「〜の準備ができている」ならfor

I'm excited to/for 〜と同様に、名詞を入れる場合は for で繋ぎます。

例 **I'm ready for the presentation .**（プレゼンの準備ができた）

例 **Are you ready for the match?**（試合の準備はできた?）

Let's Puzzle!! スモールピースを当てはめよう ◀)) 038

I'm ready to
~する準備ができた

| **go** 行く | **go out** 出かける | **go to bed** 寝る | **eat** 食べる |

I'm ready for
~の準備ができた

| **tomorrow** 明日 | **the trip** 旅行 | **the performance** 演奏 |
| **the weekend** 週末 | **the interview** 面接 |

もっと知りたい 主語は人でなくても OK

ready「準備ができている」は、食べ物などモノを主語にしても使える形容詞です。

例 **Dinner** is ready.（夕飯できたよ）

例 **The pizza** is ready.（ピザできたよ）

例 **Your car** is ready.（車の点検が終わりましたよ）

PIECE 20

🔊 039

I'm used to

～に慣れている

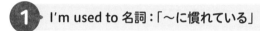

I'm used to waking up early.
早く起きるのに慣れてるんだ。

1 I'm used to 名詞：「〜に慣れている」

I'm looking forward to 名詞「〜を楽しみにしています」の時と同じく、
to の後ろに名詞が入る珍しい形なので、注意しましょう。

例 **Are you OK? — Yeah. I'm used to it.**（大丈夫？ — うん、慣れてるから）

例 **I'm used to cats.**（猫には慣れてる）

例 **I'm used to the heat.**（暑いのには慣れてるんだ）

否定文にすると、「〜には慣れていない」という意味になります。

例 **I'm not used to British accents.**（イギリスのアクセントに慣れてないんだ）

例 **I'm from Okinawa, so I'm not used to the cold.**
（沖縄出身だから、寒いのには慣れてないんだ）

2 I'm used to 〜ing：「〜するのに慣れている」

I'm used to の後ろにはもともと名詞が入るので、「動作（〜すること）」
に慣れていると言いたい場合には、動詞に ing を付けて名詞にします。

例 **I'm used to working the night shift.**（私、夜勤に慣れてるんだ）

例 **She's used to speaking in public.**（彼女は人前で話すのに慣れてる）
※ in public：人前で

例 **I'm not used to driving this car.**（この車を運転するのは慣れてないんだ）

例 **I'm not used to using this computer.**（このパソコンを使うのに慣れてないんだ）

3 「I used to ～」と混同しないために

ピース16で出てきた「I used to ～：以前は～していた」というフレーズと似ている（am があるかないか）ので混同しやすいですが、意味はまったく異なるので、似ているという認識はできるだけ持たず、まったくの別物として、各フレーズを用いた文章を1つずつ丸々覚えておくと、どちらを使うべき場面か判断しやすくなります。

例 **I'm used to long drives.**（長距離運転には慣れてるよ）

例 **I used to play the piano.**（前はピアノを弾いていたの）

両方のピースを使ってこんな文章もできますので、このような文章をまるごと音で覚えてしまうのもおすすめです。

例 **I used to live in Hokkaido, so I'm used to snow.**
（昔北海道に住んでいたから、雪には慣れてるんだ）

Let's Puzzle!! スモールピースを当てはめよう 🔊 040

I'm used to
～するのに慣れている

waking up early
早く起きる

travelling
旅行する

using it
それを使う

wearing heels
ヒールを履く

looking after children
子どもの世話をする

もっと知りたい get used to

今慣れている状態は be 動詞 + used to ～であらわしますが、「慣れていない状態」から「慣れる」という意味で get used to ～もよく使われます。この get は「～（の状態）になる」という意味です。

例 **I got used to it.**（それに慣れた）

例 **I'm getting used to it.**（それに慣れてきている）

例 **I haven't gotten used to it yet.**（まだそれに慣れていない）

PIECE
21

🔊 041

I was gonna

〜するつもりだった

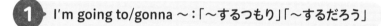

I was gonna email you.

あなたにメールするつもりだった。

1 　I'm going to/gonna 〜：「〜するつもり」「〜するだろう」

これからの予定をあらわす際に、「〜するつもり」「〜しようと思ってる」という意味で、be going to 〜 を使います。主語が I の場合は、I'm going to 〜となりますね。ピース 07 でご紹介した I'm 〜ing と同じように、もう決まっている未来のことや、すでにその予定に向かって動き出していることをあらわす際に使います。

日常会話やカジュアルな場面では、going to は gonna と短縮されることもあります。

例 **I'm going to clean my room today.**（今日は部屋の掃除をする予定）

例 **I'm gonna go to Greece next year.**（来年ギリシャに行くんだ）

また、近い将来に起こることを予想する時にも使えます。

例 **Do you see the dark clouds? It's going to rain soon.**
（あの暗い雲、見える？　もうすぐ雨が降るよ）

2 　I was going to/gonna 〜：「〜するつもりだった」

「〜するつもりだった」「〜しようと思ってた」けれど、実際にはしていない場合に、過去形にして I was going to 〜と言います。文脈的に後ろにbut「でも」が続くことが多いです。

例 **I was going to say the same thing!**（私も同じことを言おうとした！）

例 **Sorry, I was going to give you some chocolate, but I don't have any more.** (ごめん、チョコをあげようと思ったんだけど、もうないや)

例 **I was gonna go to the grocery store, but there was food in the fridge, so I didn't.**
（スーパーに行くつもりだったけど、冷蔵庫に食べ物があったから、行かなかった）

例 **I was gonna call you earlier, but I didn't know your number, so I couldn't.** (さっき電話しようと思ったんだけど、番号を知らなかったからかけられなかった)
※earlier：さっき

例 **I was gonna study, but I ended up watching TV instead.**
（勉強するつもりだったんだけど、代わりにテレビを見ちゃった）
※end up ～ing：結局～する（ピース14参照）
※instead：代わりに

Let's Puzzle!! スモールピースを当てはめよう　◀)) 042

I'm gonna
～するつもり

| call them 彼らに電話する | cook dinner ディナーを作る | go hiking ハイキングに行く |

| browse the internet ネットを閲覧する | save money 貯金する |

I was gonna
～するつもりだった

| email you メールを送る | do that そうする | eat lunch 昼食を食べる |

| watch a movie 映画を見る | leave a message 伝言を残す |

I was supposed to

〜することになってた

I was supposed to call her.
彼女に電話することになってた。

 1 ▶ 「be gonna」「should」と「be supposed to」の違い

予定を表現するピース、be supposed to 〜は、「〜することになっている」「〜するべき」と訳されます。

ピース21で出てきた「be gonna 〜」や、ピース04で出てきた「should 〜」とは違い、自分の意思とは関係のない、常識・ルール・義務・約束から自然に導き出される予定・推測に使われます。

例 **I'm supposed to take out the garbage on Tuesdays.**
（火曜日にゴミを出すことになっている）

例 **I'm supposed to be at the airport by 6:30.**
（6時半までに空港に着いていないといけないんだ）

例 **She's supposed to come by 7.**（彼女は7時までに来るはずだ）

例 **I'm not supposed to use this machine.**
（私はこの機械を使っちゃいけないことになっている）

主語が人ではなくモノになることも多くあります。

例 **This donut is supposed to have jam in it.**
（このドーナツの中にはジャムが入ってるはず）

例 **The link is supposed to work.**（本来リンクは機能するはずなんだけど）

例 **It's not supposed to go in the fridge.**（それは冷蔵庫に入れちゃいけない）

2 I was supposed to ～：「本当は～だった」

過去形 I was supposed to ～は、本当は「～することになっていた」「～するべきだった」「～するはずだった」のに「実際はそうしなかった」という意味を持ちます。

実際に起こらなかったことを指すので、後ろに but が入って実際はどうなったかの文章が続くことが多いです。

例 I was supposed to **get there by 2, but I got caught in traffic.**
（2時までに着かないといけなかったのに、渋滞にはまってしまった）

例 I was supposed to **buy milk, but it was sold out.**
（牛乳を買う予定だったのに、売り切れてた）

例 I was supposed to **pay the bills, but I totally forgot.**
（請求書の料金を支払う予定だったのに、完全に忘れてた）
※bills：請求書
※totally：完全に

例 I wasn't supposed to **heat it up in the microwave, but I did.**
（電子レンジで温めちゃいけなかったのに、そうしてしまった）

例 I wasn't supposed to **tell her, but I did.**
（彼女に言っちゃいけなかったのに、言ってしまった）

PIECE
23

🔊 045

I'm about to ▭

今〜するところ

> ## I'm about to **leave.**
> 今、ちょうど出るところ。

1 I'm about to 〜 : 「今〜するところ」

「今ちょうど〜するところ」というふうに、何かを行う直前であることを伝える時に、be about to 〜を使います。主語が I の場合は、I'm about to 〜となります。

- 例 I'm about to **finish work.**（今ちょうど、仕事が終わるところなんだ）
- 例 I'm about to **go into a meeting.**（今ちょうど、会議に入るところです）
  ※go into 〜：〜に入る
- 例 I'm about to **start making dinner.**（今ちょうど、夕飯を作り始めるところなんだ）
- 例 He's about to **come.**（彼、ちょうど今来るところだよ）
- 例 The store is about to **close.**（お店、もう閉まるところだよ）

2 I was about to 〜 : 「〜するところだった（まだしていない）」

「〜するところだった」というふうに、しそうだったけれど実際にはまだしていなかったことについて話す場合は、過去形 I was about to 〜を使います。さらに「ちょうど」というニュアンスを明確に加える場合は just を入れて、I was just about to 〜となります。

- 例 I was about to **send you an email.**（今、あなたにメールを送るところだった）
- 例 I was just about to **fall asleep.**（もう少しで寝そうだった）

🔵 **Did you clean your room? — I know. I was just about to do that.**

（部屋、掃除した？ — わかってる。ちょうど今やるところだったの）

ピース 21 で出てきた「I was gonna 〜：〜するつもりだった」で言い換えることもできますが、I was about to 〜のほうが、よりその動作を「今まさに」しようとしていたというニュアンスが強いです。

🔵 **Oh, thank you. I was just about to ask you.**

（あぁ、ありがとう。ちょうど今、あなたに聞こうと思っていたんだ）

これに対して、

🔵 **Oh, thank you. I was gonna ask you.**

（あぁ、ありがとう。あなたに聞こうと思っていたんだ）

と言うと、今すぐというよりあとで聞こうとしていた感じがします。

🧩 **Let's Puzzle!!** スモールピースを当てはめよう 🔊 046

I'm about to
今〜するところ

| leave 出発する | upload it 投稿する | go to bed 寝る | have lunch 昼食を食べる |
| take a shower シャワーを浴びる | do some exercise 運動をする |

I was about to
〜するところだった

| call you 電話する | tell you 伝える | go for a walk 散歩に行く |
| text you メッセージを送る | do the dishes お皿を洗う |

PIECE 24

◀)) 047

I almost

～してしまうところだった

I almost forgot my keys.

鍵を忘れるところだった。

1 「I almost ～」の「～」には過去形が入る

「おっと。もう少しで～してしまうところだった」「危うく～しそうになった」という時。「もう少しで」「ほとんど」という意味の almost を使って、I almost ～で表現できます。「～」に入る動詞は過去形です。

例 I almost **missed the train.**（もう少しで電車を逃すところだった）

例 I almost **made a mistake.**（もう少しで間違えるところだった）

例 I almost **scratched my car.**（危うく車を擦りそうになった）

例 I almost **dropped my phone.**（危うくスマホを落としそうになった）

2 I was about to ～は自分から、I almost ～はアクシデント

ピース 23 で出てきた I was about to ～と日本語訳は似ているかもしれませんが、使うシチュエーションは異なります。I was about to ～は自分の意思で行おうとしていた行動を指すのに対し、I almost ～は自分の意思とは無関係に起こりそうになったことを指します。

例 I was about to **call you.**（あなたに電話するところだった）

と言った時の「電話する」は自分の意思ですが、

例 I almost **called the wrong number.**（間違い電話をしそうになった）

と言った時の「間違い電話をする」は、自分の意思ではないのにしそうになってしまったことですよね。

Let's Puzzle!! スモールピースを当てはめよう　◀)) 048

I almost ～してしまうところだった	**forgot my keys** 鍵を忘れる	**fell over** 転ぶ	**fell asleep** 寝る
	cried 泣く	**deleted the file** ファイルを消す	**spilled the milk** 牛乳をこぼす
	slipped 滑る	**stepped on it** それを踏む	

もっと知りたい　almostの代替表現

almost の代わりに、nearly も使えます。

🔊 I nearly **hit myself.**（もう少しで体をぶつけるところだった）

🔊 I nearly **lost my keys.**（もう少しで鍵をなくすところだった）

🔊 I nearly **ran out of gas.**（危うくガソリンがなくなるところだった）

🔊 I nearly **overslept.**（危うく寝坊するところだった）

PIECE 25

🔊 049

I'll be able to

〜できるだろう

> **I'll be able to take your call.**
> 電話に出られるよ。

ピース01で紹介をしたように「〜できる」とだけ言いたい場合にはcan を使えますが、canはwillやshouldなど他の助動詞と組み合わせて使うことができません。canの代わりにbe able to を組み合わせて使うことができます。

1 ▶ I'll be able to 〜：「きっと〜できる」

未来に「きっと〜できるだろう」と言いたい時は、will と組み合わせて表現できます。「〜したら = if 〜」「〜の時に = when 〜」というような、時や条件をあらわす言葉が前後に入ることが多いです。

 When I get a new phone, I'll be able to take better photos.
（新しいスマホにしたら、もっと良い写真を撮れるよ）

 If we get there by 6:30, we'll be able to catch the sunrise.
（6時半までに着けば、日の出を見られるよ）

否定文の場合は、will not = won't となり won't be able to となります。

 I won't be able to join the party.（パーティーに参加できそうにないや）

 I won't be able to eat the whole pizza.（このピザ、全部は食べ切れないよ）

2 ▶ I should be able to 〜：「〜できるはず」

同じ未来についての予測でも、will よりも確信度合いが低い場合は

should と組み合わせます。「きっと〜できる」とは言い切れないけれど、「〜できるはず」と言う時に使えます。

例 I should be able to **finish work in half an hour.**

（あと30分で仕事を終わらせられるはず）
※in 時間：あと〜で

例 I should be able to **understand it without subtitles.**

（字幕なしで理解できるはず）
※without 〜：〜なしで

例 You should be able to **order it online.**（オンラインで注文できるはずだよ）

3 I might be able to 〜：「〜できるかも」

might と組み合わせると、should よりも確信度合いがさらに低くなり「〜できるかもしれない」と訳されます。

例 I might be able to **get there in time.**（間に合うかも）

例 I might be able to **join you guys later.**（あとであなたたちと合流できるかも）

例 He might be able to **fix it.**（彼、それ直せるかも）

Let's Puzzle!! スモールピースを当てはめよう 🔊 050

PIECE 26

🔊 051

I've ███ before

〜したことがある

> ## I've heard of it before.
> それ、聞いたことあるよ。

1 I've 〜（before）: 経験として「〜したことがある」

これまでに「〜したことがある」と言いたい時は、「have 過去分詞」であらわすことができます。主語が he、she、it などの場合、have は has に変わります。「今までに」という意味で、後ろに before が入ることが多く、I have 〜や She has 〜を短縮して、I've 〜、She's 〜と言うことが多いです。

過去分詞は原形、過去形に次ぐ動詞の3番目の形で、play-played-played のように過去形と同じものもあれば、drive-drove-driven のように過去形と形が変わるものもあります。主な動詞の変化形は77ページにまとめておきました。

例 I've **driven a manual car.** (マニュアル車運転したことあるよ)

例 I've **tried dragon fruit** before. (ドラゴンフルーツ、食べたことあるよ)

例 She's **worn a Kimono** before. (彼女は着物を着たことがあるよ)

よく使う表現「〜に行ったことがある」は、go「行く」ではなく be 動詞の過去分詞 been を入れて、I've been to 〜「〜にいたことがある＝〜に行ったことがある」となります。

例 I've **been to the US** before. (アメリカに行ったことがある)

例 I've **been there too.** (私もそこに行ったことがあります)
※there には to の意味が含まれているため、to there にはなりません。

CHAPTER 1 ［基礎編］すぐに話せるピース34

I haven't 〜 / I've never 〜（before）:「〜したことがない」

否定文の場合は、I haven't 〜 before、もしくは not の代わりに「一度も〜ない」という意味の never を入れます。

例 I haven't **seen that movie** before. (その映画、見たことないや)

例 I've never **been to Europe.**（ヨーロッパに一度も行ったことがないの）

 Have you（ever）〜（before）?:「〜したことある?」

疑問文の場合は、Have you（ever）過去分詞？で聞くことができます。ever には「今までの人生の中で」という盛大なニュアンスが含まれるので、日常生活で経験できそうなことにはつけなくて OK です。

例 Have you ever **been to Hawaii?** (ハワイに行ったこと、ある?)

例 Have you ever **seen a shooting star?** (流れ星を見たことある?)

例 Have you **had an acai bowl** before? (アサイーボウル、食べたことある?)

例 Has she **been here** before? (彼女、ここに来たことある?)

A-B-B（過去形と過去分詞が同じ）

呼ぶ	call	called	called
助ける	help	helped	helped
作る	make	made	made
持っている	have	had	had
会う	meet	met	met
送る	send	sent	sent
持っていく	bring	brought	brought
思う	think	thought	thought

A-B-C（すべて異なる）

する	do	did	done
行く	go	went	gone
見る	see	saw	seen
食べる	eat	ate	eaten
運転する	drive	drove	driven
知っている	know	knew	known
書く	write	wrote	written
かかる	take	took	taken

A-B-A（過去形のみ形が変わる）

来る	come	came	come
走る	run	ran	run

A-A-A（形が変わらない）

～させる	let	let	let
置く	put	put	put
切る	cut	cut	cut

I've been ▬▬ ing

ずっと〜している

I've been practicing the guitar lately.

最近ギターの練習をしてるんだ。

1 I've been 〜ing：「ずっと〜している」

過去のある時点から「ずっと〜している」と、今まで継続していることについてあらわしたい時は、have been 〜ing で表現することができます。期間をあらわす際は for 〜（〜にわたって）、スタート時期をあらわす際には since 〜（〜から）が後ろに入ります。

例 I've been **wait**ing **for 20 minutes.**（もう、20分間ずっと待ってるの）

例 I've been **learn**ing **French for 2 years.**（2年間フランス語を習ってるんだ）

例 He's been **play**ing **video games since this morning.**
（彼は朝からずっとゲームをしてる）

過去のある時点から今まで1秒も休みなくずっと続いていることでなくても、週に1回など、定期的に行うことに対しても使えます。

例 I've been **go**ing **to the gym every day.**（毎日ジムに行ってるんだ）

例 I've been **tak**ing **English classes since April.**
（4月からずっと英語のクラスを受けてる）

例 I've been **eat**ing **too much lately.**（最近、私食べすぎなんだよね）
※ lately：最近

2 否定文は haven't been ～ing または haven't 過去分詞

「最近ずっと～してない」という否定文の場合は、haven't been ～ing と haven't 過去分詞、どちらも使われます。

例 I haven't been **exercis**ing lately.＝I haven't **exercised** lately.
（最近あまり運動してない）

例 I haven't been **eat**ing fast food lately.＝I haven't **eaten** fast food lately.
（最近ファーストフードを食べてない）

例 I haven't been **tak**ing supplements for 2 months.

＝I haven't **taken supplements for 2 months.**
（2か月サプリを飲んでない）

 Let's Puzzle!! スモールピースを当てはめよう ◀) 054

I've been
ずっと～している

practicing the guitar lately
ギターの練習をする

looking for it
それを探す

thinking about it
それについて考える

trying to fix this
これを直そうとする

I haven't been
ずっと～してない

going out
出かける

reading the news
ニュースを読む

checking social media
SNSを見る

talking to her
彼女と話す

wearing this watch
この時計をつける

lately
最近

PIECE 28

055

I haven't ▬▬ yet
まだ〜してない

I haven't finished it yet.
まだ終わらせてないや。

---

1 ▶ I've 〜 already：「もう〜した」

「もうすでに〜したから、今はしなくてもいい」というニュアンスを出したい時に、「I've 過去分詞」であらわすことができます。後ろに already「もう／すでに」が入ることが多いです。

例 **I've left work already.**（もう仕事場を出たよ）

例 **I've checked my email already.**（もうメールをチェックした）

もっと知りたい　完了と経験の見分け方

ピース26で出てきた、経験としての「〜したことがある」の have と同じかたちなので混同しがちですが、文脈や周りの単語で意味が推測できるケースが多いです。どちらも、過去にその動作を「すでに行った」ということには変わりありません。

例 **I've talked to her already.**（すでに彼女と話した）

は already が後ろにあるので完了の意味だとわかります。一方、

例 **I've talked to her before.**（以前、彼女と話したことがある）

は before「以前」が後ろにあるので経験の意味だとわかりますね。

もっと知りたい 過去形とのニュアンスの違い

例 **I cleaned my room.**（部屋を掃除した）

例 **I've cleaned my room already.**（もう部屋を掃除した）

どちらも「過去に部屋を掃除した」という事実は変わりませんが、過去形は単純に過去にした動作にフォーカスしているのに対し、have は過去にしたことよりも「今」にフォーカスをしているので、「部屋を掃除したから」→「もうしなくてもいい」「今は綺麗だ」という意味まで含みます。ただし、地域によっては過去形のみが使われることもあります。

2 I haven't ～ yet：「まだ～してない」

否定文で、「まだ～してない」と言いたい場合は、「I haven't 過去分詞」のかたちになります。後ろに yet「まだ」を入れることで、「～したことがない」という経験の意味の haven't と区別ができます。

例 **I haven't finished my homework yet.**（まだ宿題が終わってないんだ）

例 **I haven't read the book yet.**（まだその本を読んでない）

例 **He hasn't arrived yet.**（彼はまだ到着してません）

例 **She hasn't sent me an email yet.**（彼女からまだメールが送られてこない）

3 Have you ～（already/yet）？：「もう～した？」

疑問文で、「もう～した？」と言いたい場合は、「Have you 過去分詞？」のかたちになります。「もう」の部分を少し強調したい時には後ろに yet や already が入ります。

例 **Have you received my email?**（私のメール、受け取った？）

例 **Have you booked the flight yet?**（もう飛行機予約した？）

例 **Have you watched the new episode?**（最新話、見た？）

例 **Has she left already?**（彼女、もう帰った？）

Let's Puzzle!! スモールピースを当てはめよう 🔊 056

I've
～した

done it する	watched it 見る	
made it 作る	read it 読む	asked her 彼女に聞く

already
もう

I haven't
～してない

finished it 終わらせる	washed it 洗う
cleaned it 掃除する	opened it 開ける
told you あなたに伝える	

yet
まだ

Have you
～した?

had lunch 昼食を食べる	used it 使う	checked it 確認する
submitted it 提出する	taken a shower シャワーを浴びる	

already
もう

I should have

〜すればよかった

> ### I should have asked her.
> 彼女に聞けばよかった。

1 I should have 〜 :「〜すればよかった」

「〜したほうがいい」は should であらわしますが、今ではなく過去に対して「〜すればよかった」と後悔している時は、I should have ＋過去分詞 であらわすことができます。I should've と短縮されることが多いです。

例 I should have **washed my car yesterday.**（昨日車を洗えばよかった）

例 I should've **booked a table in advance.**（前もってレストランを予約すればよかった）
※in advance：前もって

例 I should've **taken a photo.**（写真を撮っておけばよかった）

例 I shouldn't have **had the yogurt. My stomach hurts now.**
（ヨーグルト食べなきゃよかった。お腹が痛い）

例 I shouldn't have **brought my laptop. It's heavy.**
（パソコン持ってこなきゃよかった。重いなぁ）

2 I could have 〜 :「〜できたのに」

過去に「〜できただろう」と言いたい場合は、I could have ＋過去分詞 となります。I could've と短縮されることが多いです。

例 I could've **gone to the dinner.**（ディナーに行けたのに）

例 I couldn't have **done it without you.**（あなたがいなかったら成し遂げられなかった）

相手に対して、「〜してくれてもよかったのに」や「〜してもよかったのに」と言いたい時には、You could have 過去分詞 が使えます。

例 **You could've told me.**(教えてくれてもよかったのに)

例 **You could've said no.**(断ってもよかったのに)

3 I would have 〜：「〜したのに」

過去に起こった出来事に対して、「もし…だったら〜していただろう」と
推測する時には、would「〜だろう」を使って、I would have 〜であら
わすことができます。I would've と短縮されることが多いです。
I could have 〜は「〜できたのに」とあくまで可能性を言っているのに
対して、I would have 〜は「そうと知っていたら行動していた」という、
強い確信の意味を持ちます。

例 **If I had known, I could've picked you up.**(知ってたら、迎えに行けたのに)

例 **If I had known, I would've picked you up.**(知ってたら、迎えに行ったのに)

後者のほうが、知っていたら実際にそうしていた感じがしますよね。

例 **If I had known, I would've come home earlier.**
(知ってたら、もっと早く家に帰ってきたのに)

例 **If I hadn't run, I would've missed the bus.**(走らなかったら、バスを逃してた)

4 I might/may have 〜：「〜したかもしれない」

過去に「〜したかもしれない」と言いたい時は、might もしくは may と
組み合わせましょう。might の場合は、I might've と短縮されることが
多いです。

例 **I might've overcooked the meat.**(お肉焼きすぎちゃったかも)

例 **I might've added too much salt.**(塩を入れすぎたかも)

例 **I may have left it at work.**(職場にそれを置いてきたかも)

例 **I might not have done the dishes yet.**(お皿、まだ洗ってないかも)

例 **I might not have told you yet. I'm on holiday from Monday to
Thursday.**(まだあなたに言ってなかったかも。私、月曜から木曜まで休暇なんだ)

Let's Puzzle!! スモールピースを当てはめよう　◀)) 058

I should've
〜すればよかった

asked her
彼女に聞く

read the instructions
説明書を読む

taken the elevator
エレベーターに乗る

eaten breakfast
朝食を食べる

bought it
買う

I could've
〜できたのに

told you
伝える

done it
そうする

fixed it
直す

made it
都合がつく・行く

gone there
そこに行く

I would've
〜したのに

called you
あなたに電話する

checked it
確認する

brought it
持ってくる

dressed up
おしゃれする

gone back
戻る

I might've
〜したかも

thrown it away
捨てる

forgotten it
忘れる

twisted my ankle
足首をひねる

seen it before
前に見たことがある

been here before
前にここに来たことがある

PIECE 30

🔊 059

It takes 時間 to ___

〜するのに…かかる

It takes 5 minutes to walk there.
歩いて行くと5分かかるよ。

---

1 内容はtoの後ろに

話の流れで「〜するのに」がすでに明確な時は、to 〜を省いてもかまいません。to の後には、動詞の原形が入ります。

- 例 It takes **10 minutes.**（10分かかる）
- 例 It takes **20 minutes to cook rice.**（お米を炊くのに20分かかるよ）
- 例 It takes **2 hours to get to Fukuoka.**（福岡まで着くのに2時間かかる）
- 例 It takes **4 working days to receive the certificate.**
  （証明書を受け取るのに4営業日かかるんだ）
- 例 It takes **years to master the trick.**（その技を習得するのには何年もかかるよ）

「…かかった」と過去の話をする場合は take の過去形 took を使います。

- 例 It took **40 minutes by bus.**（バスで40分かかったよ）
- 例 It took **a few days to get a reply.**
  （返信をもらうのに数日かかりました）

---

2 for me / me を足すと「自分の場合は」の意味になる

人によってかかる時間は違うかもしれないけれど「自分にとって」このくらいかかったと言いたい時には It took 時間 for me to 〜もしくは It took me 時間 to 〜となります。

- 例 It took **5 days for me to finish the work.**（私はこの仕事を終えるのに5日かかった）

086

例 It took me **a while** to **get used to it.**（私はそれに慣れるのにしばらくかかった）
　※a while：しばらく

例 It took me **a week** to **recover from the flu.**
　（インフルエンザが治るのに1週間かかった）

 Let's Puzzle!! スモールピースを当てはめよう　◀)) 060

It takes 5 minutes to ～するのに5分かかる	**walk there** 歩いてそこに行く	**make it** 作る	**download it** ダウンロードする
	turn it on 電源を点ける	**drive there** 運転してそこに行く	

It took me a while to ～するのに しばらくかかった	**fix it** 直す	**finish it** 終える	**get there** そこに行く
	realize 気づく	**complete the puzzle** パズルを完成させる	

It reminds me of

（それを見る／聞くと）〜を思い出す

She reminds me of my grandma.

彼女を見ると、おばあちゃんを思い出す。

1 主語は自分ではないモノや人

何かを見たり、聞いたり、感じたりすることによって「〜を思い出す」と言いたい時は、「思い出させる」という意味の動詞 remind を使います。「何々 reminds me of 〜」で、「何々が私に〜を思い出させる」となります。主語が自分ではないというのが、日本語の感覚と違いますね。

例 **This song reminds me of my highschool days.**
（この歌を聞くと高校時代を思い出すなぁ）

例 **This building reminds me of the Harry Potter movies.**
（この建物を見ると、ハリーポッターの映画を思い出す）

例 **The miso soup reminds me of my mom's cooking.**
（その味噌汁を飲むと母の味を思い出す）

例 **The dog reminds me of the Disney character.**
（あの犬を見ると、ディズニーのキャラクターを思い出す）

Let's Puzzle!! スモールピースを当てはめよう 🔊 062

It reminds me of 〜を思い出す	my grandma おばあちゃん	him 彼	my childhood 子どもの頃
	last time 前回	Japan 日本	home 地元

PIECE 32

🔊 063

It makes me

私を〜にする

It makes me hungry.

それを見るとお腹がすくんだよね。

1 何かによって感情を動かされた時の表現

何かを見たり、聞いたり、感じたりすることで、自分が幸せになったり悲しくなったりすると言いたい時、「人やモノが私を〜な状態にさせる」という意味の make という動詞を使って「何々 makes me 形容詞」と言うことができます。

例 **Dessert makes me happy.**
（デザートは私を幸せにする＝デザートを食べると幸せになる）

例 **The story makes me sad.**（その話は私を悲しませる＝その話を聞くと悲しくなる）

例 **He made me upset.**（彼は私を怒らせた）

逆に、私が誰かを〜の状態にさせたのであれば、主語は I ですね。

例 **I made him upset.**（私は彼を怒らせた）

Let's Puzzle!! スモールピースを当てはめよう 🔊 064

It makes me 私を〜にする	hungry お腹がすく	tired 疲れる	sick 気持ち悪い
	motivated モチベーションがある	excited わくわくする	confident 自信がある

It looks

〜に見える

It looks good.
美味しそう。

1 It looks 形容詞：「〜そう」

「美味しそう」「寒そう」のように何かを見て「〜そう」と言いたい時は、「〜に見える」という意味の動詞 look を使って「It looks 形容詞」であらわすことができます。it や they だけでなく、人やモノなどを主語にすることもできます。

- 例 **The pasta looks spicy.**（そのパスタ、辛そうだね）
- 例 **Everything looks good.**（全部、美味しそう）
- 例 **It looks small in the photo.**（写真だと小さく見える）
- 例 **You look happy. What happened?**（嬉しそうだね。何があったの?）
- 例 **They look busy today.**（彼ら、今日は忙しそうだね）
- 例 **You don't look happy. What's wrong?**（楽しそうじゃないね。どうした?）
- 例 **It doesn't look real, but it is.**（本物には見えないけど、でも本物なんだ）

2 It looks like 名詞：「〜みたい」

後ろに形容詞ではなく名詞を入れて「〜みたいだね」と言いたい時は「like 〜 ＝〜みたい」を使って「It looks like 名詞」と言います。

- 例 **The pasta looks like fried noodles.**（そのパスタ、焼きそばみたいだね）
- 例 **Everything looks like a dream.**（全部、夢みたい）
- 例 **You look like your mom with the hat.**（その帽子をかぶるとお母さんみたいだね）

例 It looks like **chocolate, but it's not.**（チョコレートみたいに見えるけど違うの）

例 He doesn't look like **a kangaroo. Kangaroos are bigger.**
（この子はカンガルーには見えないよ。カンガルーはもっと大きいから）

例 They don't look like **pajamas.**（パジャマには見えないよ）

Let's Puzzle!! スモールピースを当てはめよう 🔊 066

もっと知りたい lookに似た表現

lookの他にも、feel（〜に感じる）、sound（〜に聞こえる）、taste（〜な味がする）など、五感をあらわす動詞は同じように形容詞や「like 名詞」が後ろに続きます。

例 It feels **so relaxing.**（すごくリラックスできる）

例 It feels like **summer.**（夏みたいな感じがする）

例 That sounds **good.**（いいね）

例 That sounds like **a good idea.**（いいアイディアだね）

例 It tastes **good.**（美味しいね）

例 It tastes like **coffee.**（コーヒーみたいな味がする）

PIECE 34

🔊 067

It must be

〜に違いない

It must be good.
美味しいに違いないね。

例えば、It is good. は It = good、つまり、単純に「それは美味しい」という意味ですが、「美味しいだろうね」「美味しいはずだ」「美味しいかもよ」など、自分がどのくらいそう思っているかをより細かく表現したい時は、どうしたらいいでしょう？

1 ⟩ must be：「〜に違いない」「〜だろうね」

高い確信度合いで「〜に違いない」「〜だろうね」と言いたい時は、must を使いましょう。

 He drove for 6 hours today. He must be exhausted.
（彼、今日6時間も運転したから、疲れてるだろうね）

 That bag must be expensive.（あのカバン、高いだろうね）

 That must be Mt. Fuji.（あれが富士山だろうね）

 This hat must be hers.（この帽子は彼女のだろうね）

must be の後ろに場所をあらわすフレーズを続ければ、「〜にあるに違いない」という意味になります。

 It must be in my car.（車の中にあるに違いない）

2 should be：「〜なはずだ」

must よりも確信度合いが低く「〜なはずだ」と言いたい時は should を使います。

- 例 **It's just sprinkling. It should be fine.**（小雨なだけ。大丈夫なはず）
- 例 **It should be done by tomorrow.**（明日までには終わるはずです）
- 例 **It shouldn't be so hard.**（そんなに難しくないはずだよ）
- 例 **It should be in my car.**（車の中にあるはず）
- 例 **He left a while ago. He should be home by now.**
  （彼、しばらく前に帰ったよ。もう家に着いてるはず）

3 might be：「〜かもしれない」

should よりもさらに確信度が低く「〜かもしれない」と言いたい時は might を使います。

- 例 **Be careful. It might be hot.**（気を付けてね。熱いかもしれないから）
- 例 **It might be basil. I don't know.**（バジルかもね。わかんないけど）
- 例 **She might be busy now, so I'll call her later.**
  （彼女は今忙しいかもしれないから、後で電話しよう）
- 例 **The movie might not be scary.**（その映画、怖くないかもよ）
- 例 **It might be in my car.**（車の中にあるかも）

4 could be：「〜ということもありえる」

might よりもさらに確信度合いが低く「〜という可能性もある」「〜ということもありえる」と言いたい時は could を使いましょう。

- 例 **I don't know. It could be true.**（わかんないよ。それが本当ってこともありえるかもしれない）
- 例 **It could be mine.**（それ、私のかもしれない）
- 例 **She could be a Pomeranian.**（この子、ポメラニアンかもしれないよ）
- 例 **It could be in my car.**（車の中にある可能性もある）

Let's Puzzle!! スモールピースを当てはめよう ◀)) 068

It must be
〜に違いない

| good 美味しい | busy 混んでいる | nice よい | hard 大変 |

cold outside 外は寒い | popular 人気がある

She should be
彼女は〜なはず

| OK 大丈夫 | full お腹がいっぱい | done by now もう終わっている |

there そこにいる | upstairs 2階にいる

It might be
それ〜かもしれない

| true 本当の | fun 楽しい | mine 私の |

in the closet クローゼットの中 | a good idea よいアイディア

It could be
〜ということもありえる

| right 合っている | closed 閉まってる | my sister's 姉のもの |

here ここにある | under the bed ベッドの下にある

よく使うスモールピース50

　ここで日常生活でよく使う動詞のかたまり（スモールピース）を50個紹介します！

I have to ● **get changed** ．
（着替えなきゃ）

I forgot to ● **do the laundry** ．
（洗濯をするのを忘れた）

→ これが
スモールピース!!

　あらためて、スモールピースとは、「go to the office」や「do the laundry」のように、CHAPTER 1で紹介をしたミディアムピースの中に入れられるピースたちです。ぜひご活用ください！

1　**turn off the alarm**
　アラームを止める

2　**make the bed**
　ベッドを直す

3　**brush my teeth**
　歯磨きをする

4　**get changed**
　着替える

5　**put on glasses**
　眼鏡をかける

6　**have breakfast**
　朝食を食べる

7　**pack a lunch box**
　お弁当を詰める

8　**take out the garbage**
　ごみを出す

9　**put on sunscreen**
　日焼け止めを塗る

10　**feed the cat**
　猫にえさをやる

11　**leave home**
　家を出発する

12　**say hi to the neighbors**
　近所の人に挨拶する

13　**get to the office**
　オフィスに着く

14　**work from home**
　家で仕事をする

15　**have a meeting**
　ミーティングがある

16　**do the laundry**
　洗濯をする

17 do the dishes
お皿を洗う

18 tidy up the room
部屋を片付ける

19 vacuum the floor
掃除機をかける

20 run errands
用事を済ませる

21 reply to emails
メールに返信する

22 take a nap
昼寝をする

23 take a break
休憩する

24 make tea
お茶を入れる

25 grab a coffee
コーヒーを買いに行く

26 catch up with friends
友達と会う

27 go grocery shopping
食料品の買い物に行く

28 pick up the children
子供たちを迎えに行く

29 drop off the children
子供たちを送り届ける

30 take the train
電車に乗る

31 drive home
車で家に帰る

32 take off my shoes
靴を脱ぐ

33 get gas
ガソリンを入れる

34 order takeout
テイクアウトを注文する

35 make dinner
夕飯を作る

36 check social media
SNSを見る

37 browse the internet
ネットを見る

38 put on music
音楽をつける

39 turn on the heater
暖房をつける

40 walk the dog
犬の散歩をする

41 go for a walk
散歩に行く

42 go for a run
走りに行く

43 talk to my family
家族と話す

44 take a shower
シャワーをする

45 dry my hair
髪を乾かす

46 watch a TV show
テレビ番組を見る

47 get ready for tomorrow
明日の準備をする

48 set an alarm
アラームをかける

49 charge my phone
スマホの充電をする

50 go to bed
寝る

CHAPTER

2

応用編

さらに
表現力アップの
ピース
36

CHAPTER 2 では、ラージピースを紹介していきます。

ラージピースとは、より大きな文章を作るためのベースとなるものです。

ラージピース　　**ミディアムピース　スモールピース**
I remember ● **I used to** 　go to the bakery
（そういえば前はよくあのパン屋さんに行ってたなぁ）

ここでは、ミディアムピース「I used to ＝前はよく〜していた」を使った文章をラージピース「I remember」の中に入れることで、「そういえば〜だったなぁ」という細かいニュアンスを足しています。

もちろん、これまで学習したミディアムピースだけでも会話はできますが、前にラージピースを加えることで、より細かく、感情のニュアンスや詳しい状況を相手に伝えることができます。今回も、私が日常生活でよく聞くもの、使うものを 36 個厳選しました。

ラージピースの特徴は、後ろに「文章」が入ることです。

名詞や動詞のみを入れるのではなく、【主語（人・モノ）＋動詞】のような、それだけでも成り立つ文章が後ろに入ります。

例

I feel like
〜（な）気がする

I should take a break
休憩したほうがいい

I have to do something
何かをしなきゃいけない

I've heard of it
それを聞いたことがある

ラージピースの後ろだけでも文章が成り立っていますね。

ラージピースをマスターすることで、自然と長い文章を作れるようになります。CHAPTER 1 で学んだ内容も復習しながら、さらにステップアップしていきましょう！

そのピースの解説部分に登場する例文の
音声が収録されています。

解説部分です。
例文と一緒に簡潔にそのピースを
解説しています。

PIECE
63

It seems like

◄)) 125

〜みたいだね

It seems like **it's gonna rain in the afternoon.**
午後は雨が降りそうだね。

状況から察したり、何かから情報を得て推測したりする際の表現です。

○ It seems like **the cafe is busy today.** (今日はカフェが混んでそうだね)

○ It seems like **he knows a lot about computers.**
（彼、パソコンについて詳しそうだね）

Let's Puzzle!! ピースとピースを組み合わせよう ◄)) 126

「Let's Puzzle!!」の例文
音声を収録しています。

ミディアムピースの
ピース番号です。

It seems like PIECE 01 **they can speak French too .**
（彼ら、フランス語も話せるみたいだね）

It seems like PIECE 08 **we all have to attend the workshop .**
（みんなワークショップに参加しないといけなそうだ）

It seems like PIECE 10 **there are many students today .**
（今日は学生がたくさんいるみたいだね）

「Let's Puzzle!!」では、CHAPTER 1で取り上げたミディアムピースを組み合わせた例を紹介しています。

復習ピース
I can 〜：〜できる >> PIECE 01 p.020　　　I have to 〜：〜しなきゃ >> PIECE 08 p.040
There are 〜：〜がいる >> PIECE 10 p.044

「Let's Puzzle!!」に出てきたミディアムピースを「復習ピース」としてご案内しています。

もっと知りたい It seems like と It looks like の違い

Ilt seems like 〜、It looks like 〜、どちらを使ってもいい場面がほとんどですが、細かいニュアンスの違いとしては
・look：視覚から様子を判断している
・seem：視覚だけでなくその他の情報源からも様子を判断している

補足情報がある場合は、
CHAPTER 1同様、
「もっと知りたい」を設けています。

I hope (that)

〜だといいな

> ## I hope I can catch the bus.
> バスに間に合うといいな。

I hope (that) の後ろには、実際に起こりうることを続けましょう。

🗨 I hope **you like it.** (あなたがそれを気に入るといいな)

🗨 I hope **it's good.** (それ、美味しいといいな)

今実現していなかったり、これから実現する可能性が薄いことは I wish
〜であらわします。

🗨 I wish **there was parking here.** (ここに駐車場があればよかったのに)

Let's Puzzle!! ピースとピースを組み合わせよう ◀)) 070

PIECE 01
I hope **I can catch the bus .** (バスに間に合うといいな)

PIECE 01
I hope **we can play baseball tomorrow .** (明日野球ができたらいいな)

PIECE 05
I hope **she will come to the event .** (彼女がイベントに来るといいな)

PIECE 05
I hope **it won't rain tomorrow .** (明日雨が降らないといいな)

PIECE 10
I hope **there is an available spot .** (空き枠があればいいな)

PIECE 05 **PIECE 30**
I hope **it won't take too long .** (そんなに長くかからないといいな)

復習ピース

I can 〜：〜できる >> PIECE 01 p.020 　　　**It will** 〜：〜だろう >> PIECE 05 p.031
There is 〜：〜がある >> PIECE 10 p.044 　　**It takes** 時間：…かかる >> PIECE 30 p.086

PIECE
36

🔊 071

I'm glad (that)

〜でよかった

> ## I'm glad it didn't take so long.
> そんなに長くかからなくてよかった。

「〜でよかった」は、「嬉しい」という意味の glad を使って、I'm glad (that) 〜と言うことができます。

例 I'm glad **you liked it.** (あなたがそれを気に入ってくれてよかった)

例 I'm glad **I didn't go.** (行かなくてよかった)

 Let's Puzzle!! ピースとピースを組み合わせよう 🔊 072

PIECE 02
I'm glad・ **I got to talk to the manager today** .
(今日マネージャーと話せてよかった)

PIECE 07 **PIECE 33**
I'm glad・ **you're feeling better** . (あなたが元気になってよかった)

PIECE 08
I'm glad・ **I don't have to wake up early tomorrow** .
(明日早起きしなくてよくて嬉しい)

PIECE 10
I'm glad・ **there is a convenience store here** .
(ここにコンビニがあってよかった)

PIECE 30
I'm glad・ **it didn't take so long** . (そんなに長くかからなくてよかった)

復習ピース

I got to 〜：〜できた >> PIECE 02 p.023   **I'm 〜ing**：〜している >> PIECE 07 p.037
I don't have to 〜：〜しなくてもいい >> PIECE 08 p.040
There is 〜：〜がある >> PIECE 10 p.044   **It takes** 時間：…かかる >> PIECE 30 p.086
It feels 〜：〜に感じる >> PIECE 33 p.090

I feel like

〜な気がする

I feel like I should take a break.
休憩したほうがいい気がする。

「〜な気がする」と言いたい時には、「feel ＝感じる」「like 〜＝〜のような」を合わせた I feel like 〜であらわすことができます。ピース 17 では I feel like の後ろに〜ing を付けて「〜したい気分」という自分の意思をあらわすフレーズが出てきましたが、今回は後ろに文章が入ります。後ろに入る文章の主語は自分以外の人やモノでも大丈夫です。

例 I feel like **I forgot something.** (何かを忘れた気がする)

例 I feel like **I had too much coffee.** (コーヒーを飲みすぎた気がする)

 Let's Puzzle!! ピースとピースを組み合わせよう 🔊 074

PIECE 01
I feel like **I can speak English more fluently now** .
(今はもっと英語を流暢に話せている気がする)

PIECE 01
I feel like **I can talk about anything with you** .
(あなたには何でも話せる気がするんだ)

PIECE 04
I feel like **I should take a break** . (休憩したほうがいい気がする)

PIECE 04
I feel like **we should book in advance** .
(前もって予約しておいたほうがいい気がするなぁ)

PIECE 04
I feel like **I should practice more** . (もっと練習したほうがいい気がする)

PIECE 04

I feel like I should change the title . (タイトルを変えたほうがいい気がする)

PIECE 07

I feel like I'm improving . (上達してる気がする)

PIECE 07

I feel like I'm getting dizzy . (目が回ってきた気がする)

※get 〜：〜になる（動詞）　※dizzy：目が回る（形容詞）

PIECE 07

I feel like it's getting worse . (悪化してきてる気がする)

PIECE 08

I feel like I have to do something . (何かをしなきゃいけない気がする)

PIECE 08

I feel like I have to clean my room . (部屋を片付けなきゃいけない気がする)

PIECE 12

I feel like I forgot to do something . (何かするのを忘れた気がする)

PIECE 12

I feel like I forgot to lock the door . (ドアに鍵をかけるのを忘れた気がする)

PIECE 15

I feel like I tend to talk to myself when I'm nervous .

(私、緊張するとつい独り言を言ってる気がする)

※when 〜：〜な時

PIECE 26

I feel like I've heard of it . (それ、聞いたことがある気がする)

PIECE 26

I feel like I've been here before . (ここ、前に来たことがある気がする)

PIECE 32

I feel like this song makes me sleepy . (この曲を聞くと眠くなる気がするの)

PIECE 32

I feel like this tea makes me calm . (このお茶を飲むと落ち着く気がするんだ)

復習ピース

I can 〜：〜できる >> PIECE 01　p.020
I should 〜：〜したほうがいい >> PIECE 04　p.028
I'm 〜ing：〜している >> PIECE 07　p.037　　　I have to 〜：〜しなきゃ >> PIECE 08　p.040
I forgot to 〜：〜し忘れた >> PIECE 12　p.048
I tend to 〜：〜しがち >> PIECE 15　p.053
I've 〜 before：〜したことがある >> PIECE 26　p.075
It makes me 〜：私を〜にする >> PIECE 32　p.089

I think (that)

～だと思う

> ## I think she's coming.
> 彼女、来ると思うよ。

「～だ」と言い切らずに、「～だと思う」と言いたい時には、「I think (that) ～」を文頭につけます。

- 例 I think it's nice. (私は素敵だと思う)
- 例 I think I remember the pin number. (暗証番号、覚えてると思う)

「～ではないと思う」という否定文で使われることも多いです。

- 例 I don't think it's true. (それは本当ではないと思う)
- 例 I don't think she likes spicy food. (彼女は辛い物が好きじゃないと思う)

Let's Puzzle!! ピースとピースを組み合わせよう ◀)) 076

I think PIECE 01 I can finish this by Friday . (これを金曜までに終えられると思う)

I don't think PIECE 01 I can eat this much sushi .
(私、こんなにたくさんお寿司食べられないと思う)
※this much ～：こんなにたくさんの～

I think PIECE 04 I should drink more water . (水をもっと飲んだほうがいいよなぁ)

I don't think PIECE 04 I should buy this much chocolate .
(こんなにたくさんチョコレートを買わないほうがいいよなぁ)

I think PIECE 05 the battery will last more than 6 hours .
(電池は6時間以上持つと思うよ)
※last：続く・持つ (動)　※more than ～：～以上

I don't think `PIECE 05` it will rain today . (今日は雨が降らないと思う)

I think `PIECE 07` she's coming . (彼女、来ると思うよ)

I don't think `PIECE 07` he's coming . (彼、来ないと思うよ)

I think `PIECE 08` I have to charge my bus card .

(私、バスのカード、チャージしなきゃいけないと思う)

I think `PIECE 10` there is a bathroom downstairs . (下の階にトイレがあると思うよ)

※downstairs：下の階に

I think `PIECE 12` I forgot to cc her . (彼女をCCに入れ忘れたと思う)

I think `PIECE 15` he tends to forget things . (彼、物事を忘れがちなんだと思う)

I think `PIECE 23` she's about to leave . (彼女、今出るところだと思うよ)

I think `PIECE 26` you've mentioned that before . (前にもそれ言ってたよね)

※mention〜：〜に言及する

I don't think `PIECE 26` I've met her before . (私、彼女に会ったことないと思う)

I think `PIECE 28` I've replied to her already . (私、もう彼女に返信したと思う)

I don't think `PIECE 28` she's left yet . (彼女、まだ出発してないと思うよ)

復習ピース

I can 〜：〜できる >> PIECE 01 p.020
I should 〜：〜したほうがいい >> PIECE 04 p.028
It will 〜：〜だろう >> PIECE 05 p.031
I'm 〜ing：〜している／〜する予定 >> PIECE 07 p.037
I have to 〜：〜しなきゃ >> PIECE 08 p.040　　**There is 〜：〜がある** >> PIECE 10 p.044
I forgot to 〜：〜し忘れた >> PIECE 12 p.048　**I tend to 〜：〜しがち** >> PIECE 15 p.053
I'm about to 〜：今〜するところ >> PIECE 23 p.069
I've 〜 before：〜したことがある >> PIECE 26 p.075
I've 〜 already：もう〜した >> PIECE 28 p.080
I haven't 〜 yet：まだ〜してない >> PIECE 28 p.080

I thought (that)
〜だと思ってた

> ## I thought **he would be late.**
> **彼は遅れるだろうと思ってた。**

「〜だと思った／思ってた」と言いたい時には I thought (that) 〜であらわします。「〜だと思っていたけど、実際にはそうでなかった」という場面で使われることが多いです。

🔊 I thought **she was from Canada.** (彼女はカナダ出身だと思ってた)

🔊 I thought **I left my keys here.** (鍵、ここに置いたと思ったのに)

過去に思っていたことを伝えているので、後ろに続く文章も過去形になります。「〜だと思っていなかった」時には否定文で I didn't think 〜となります。

🔊 I didn't think **it was mine.** (それ、私のだと思わなかった)

 ## Let's Puzzle!! ピースとピースを組み合わせよう 🔊 078

I thought **PIECE 06** **he would be late .** (彼は遅れるだろうと思ってた)

I thought **PIECE 06** **it would be harder .** (もっと難しいだろうと思ってた)

I thought **PIECE 06** **the rain would stop .** (雨が止むだろうと思ってた)

I didn't think **PIECE 06** **she would like it .** (彼女がそれを気に入るだろうと思ってなかった)

I thought **PIECE 06** **PIECE 08** **I would have to wash it every day .**
(毎日洗わなきゃいけないのかと思った→毎日洗わなくてもよかった)

I thought **PIECE 06** **PIECE 08** **I would have to wait longer .**
(もっと長く待たないといけないかと思った→待たなくてよかった)

PIECE 10

I thought・ **there was an ATM here** .

(ここにATMがあるかと思った→なかった)

PIECE 10

I thought・ **there was an instruction video** .

(説明の動画があるかと思った→なかった)

PIECE 12

I thought・ **I forgot to turn off the light** .

(電気を消し忘れたかと思った→消えていた)

PIECE 12

I thought・ **I forgot to pay the bill** .

(請求書を支払い忘れたかと思った→すでに支払い済みだった)

PIECE 13

I thought・ **you decided to go to NYU** .

(あなたはニューヨーク大学に行くと決めたんだと思った→行かなかった)

PIECE 13

I thought・ **she decided to take the job** .

(彼女はその仕事を受けることにしたと思ってた→そうではなかった)

PIECE 16

I thought・ **he used to work for that company** .

(彼は昔あの会社で働いていたかと思ってた→そうではなかった)

PIECE 19

I thought・ **you were ready to leave** .

(あなたは出発する準備ができてるのかと思った→できてなかった)

PIECE 20

I thought・ **you were used to dogs** . (あなたは犬に慣れてるかと思った)

PIECE 06 ▌ **PIECE 30**

I didn't think・ **it would take this long** .

(こんなに長くかかるだろうとは思ってなかった)

I heard (that)

〜らしい

> ### I heard that there are many events in August.
> 8月にたくさんイベントがあるらしいよ。

「〜らしいよ」「〜みたいだよ」と、自分が聞いた情報をもとに何かを伝えたい時には I heard (that) 〜で文章を始めることができます。

- I heard **it's winter in Australia now.** (オーストラリアでは今、冬らしいよ)
- I heard that **Pokémon is getting popular in the US too.**
  (アメリカでもポケモンが流行ってきてるらしいね)

「〜って、聞いた？」と言いたい時は疑問文で Did you hear that 〜? となります。会話のきっかけとしても便利なフレーズです。

- Did you hear that **the trains are delayed?** (電車が遅れてるって聞いた？)
  ※ delayed：遅れている
- Did you hear that **Max got injured?** (マックスがケガしたって聞いた？)
  ※ get injured：ケガをする

Let's Puzzle!! ピースとピースを組み合わせよう ◀)) 080

PIECE 01
I heard that **anyone can come .** (誰でも来ていいみたいだよ)

PIECE 07
I heard that **Sophie is doing a live stream this afternoon .**
(ソフィーが今日の午後、ライブ配信するみたいだよ)

PIECE 07
I heard that **he's moving to London soon .**
(もうすぐ彼、ロンドンに引っ越すらしいよ)

PIECE 08

I heard that **we don't have to pay for anything** .

（何も料金を支払わなくていいらしいよ）

※ pay for ～：～の料金を支払う

PIECE 09

I heard that **the gas prices might go up again** .

（ガソリンの値段がまた上がるかもって聞いた）

PIECE 09

Did you hear that **she might change her job** ?

（彼女、転職するかもって、聞いた？）

PIECE 10

I heard that **there are many events in August** .

（8月にたくさんイベントがあるらしいよ）

PIECE 10

I heard that **there might be wild animals around here** .

（ここら辺、野生動物がいるかもって聞いた）

PIECE 16

I heard that **you used to live in Italy** .

（以前イタリアに住んでいたそうですね）

PIECE 21

Did you hear that **it's going to snow tomorrow** ?

（明日雪が降るって聞いた？）

PIECE 26

I heard that **you've been to many countries** .

（色んな国に行ったことがあるそうですね）

PIECE 27

I heard that **you've been studying English for the TOEIC test** .

（TOEICのために最近ずっと英語を勉強してるそうですね）

復習ピース ・・・

I can ～：～できる >> PIECE 01 p.020   **I'm ～ing**：～する予定 >> PIECE 07 p.037

I don't have to ～：～しなくてもいい >> PIECE 08 p.040

I might ～：～するかも >> PIECE 09 p.042   **There are ～**：～がある >> PIECE 10 p.044

There might be ～：～がいるかも >> PIECE 10 p.044

I used to ～：前は～してた >> PIECE 16 p.055

I'm going to ～：～するだろう >> PIECE 21 p.065

I've ～：～したことがある >> PIECE 26 p.075

I've been ～ing：ずっと～している >> PIECE 27 p.078

I realized (that)
〜ってことに気づいた

> ### I realized that I forgot to charge my phone.
> スマホを充電するのを忘れたことに気づいた。

何かに「は！」と気がつき、「〜ってことに気づいた」と言いたい時には
I realized that 〜を使いましょう。たった今気づいた場合は「ちょうど
今 = just」を使って、I just realized that 〜となります。

例 I just realized that **I have some tomatoes in the fridge.**
（冷蔵庫にトマトがあることに今気づいた）

例 I just realized that **tomorrow's Sunday.** （明日は日曜だってことに今気づいた）

Let's Puzzle!! ピースとピースを組み合わせよう ◀)) 082

PIECE 08
I realized that **I have to renew my license in 2 months** .
（あと2ヶ月で免許を更新しなきゃいけないことに気づいた）

PIECE 10
I just realized that **there is a bakery next to the post office** .
（郵便局の隣にパン屋さんがあるのに今気づいた）

PIECE 12
I realized that **I forgot to charge my phone** .
（スマホを充電するのを忘れたことに気づいた）

PIECE 12
I just realized that **I forgot to attach the files** .
（ファイルを添付するのを忘れたことに今気づいた）

PIECE 15
I realized that **I tend to get distracted by my phone notifications** .（スマホの通知に気を取られがちだなってことに気づいた）

I realized that `PIECE 15` **I tend to say "Umm" a lot when I'm nervous** .

（私緊張したら、よく「えー」って言うなってことに気づいたの）

※ when I'm ～：私が～な時

I realized that `PIECE 15` **I always pack at the last minute** .

（いつもギリギリに荷造りしてることに気づいた）

※ at the last minute：ギリギリに

I realized that `PIECE 26` **I've never played basketball** .

（バスケットボールをしたことがないことに気づいた）

I realized that `PIECE 27` **I've been learning English for 10 years** .

（英語を10年学んでるってことに気づいた）

I realized that `PIECE 27` **I haven't been exercising lately** .

（最近ずっと運動していないことに気づいた）

I just realized that `PIECE 28` **I haven't taken any annual leave this year** .

（今年、まだ有休を取ってないことに今気づいた）

※ annual leave：年次休暇（＝有休）

I just realized that `PIECE 30` **it takes an hour to get to the airport** .

（空港まで1時間かかることに今気づいた）

復習ピース

I have to ～：～しなきゃ >> PIECE 08 p.040　　**There is** ～：～がある >> PIECE 10 p.044
I forgot to ～：～し忘れた >> PIECE 12 p.048　　**I tend to** ～：～しがち >> PIECE 15 p.053
I always ～：いつも～する >> PIECE 15 p.053
I've never ～：～したことがない >> PIECE 26 p.075
I've been ～**ing**：ずっと～している >> PIECE 27 p.078
I haven't ～：まだ～してない >> PIECE 28 p.080
It takes 時間 **to** ～：～するのに…かかる >> PIECE 30 p.086

CHAPTER 2

［応用編］さらに表現力アップのピース

36

111

PIECE 42

◀) 083

I remember (that)

そういえば〜だったなぁ

> ## I remember **we used to go to the bakery after school.**
> そういえば放課後よくあのパン屋さんに行ったよね。

I remember (that) 〜は直訳すると「〜を覚えている」という意味ですが、過去の出来事を振り返り、「そういえば〜だったなぁ」と独り言を言ったり、相手と前にあったことを話したりする時にも使えます。

例 I remember **I had my wallet this morning.**（今朝財布を持ってたのは覚えてるの）

例 I remember **I posted this photo on Instagram.**
（そういえばこの写真、インスタグラムに投稿したなぁ）

 Let's Puzzle!! ピースとピースを組み合わせよう ◀) 084

PIECE 03
I remember **I couldn't pronounce his name for so long .**
（そういえば前は長い間、彼の名前を発音できなかったなぁ）
※ for so long：長い間

PIECE 08
I remember **we had to transfer in Dubai .**
（そういえばドバイで乗り換えしなきゃいけなかったよね）

PIECE 08
I remember **I had to wait for so long to board the flight to Italy .**（イタリア行きの飛行機に乗るのにすごく長く待たないといけなかったのを覚えてる）

PIECE 10
I remember **there was a 100 yen shop here .**
（そういえば前はここに百均があったよね）

PIECE 16
I remember **we used to go to the bakery after school .**
（そういえば放課後よくあのパン屋さんに行ったよね）

PIECE 16

I remember• **this used to be a parking lot** .

（たしか前はここ、駐車場だったんだよなぁ）

PIECE 24

I remember• **I almost fell off a bike in this park** .

（そういえばこの公園で、自転車から落ちそうになったんだよなぁ）

PIECE 30

I remember• **it took so long to get to the UK** .

（そういえばイギリスに着くのにすごく時間がかかったんだよなぁ）

PIECE 30

I remember• **it only took 1 hour to get here** .

（ここに着くのには1時間しかかからなかったよなぁ）

※「行きは1時間だったけど帰りはどうだろう」と帰り際に言っています。

PIECE 16 **PIECE 02**

I remember• **I used to be able to eat two bowls of ramen** .

（昔は2杯ラーメンを食べられたなぁ）

PIECE 16 **PIECE 18**

I remember• **I used to get excited for Christmas** .

（昔はクリスマスを楽しみにしてたなぁ）

PIECE 21 **PIECE 03**

I remember• **I was gonna buy a bottle of wine, but I couldn't**

find a good one •（たしかワインを買おうとしたんだけど、いいのが見つからなかったんだよな）

PIECE 21

I remember• **I was going to do the laundry, but I got distracted**

and forgot . （そういえば洗濯をしようとしたけど、気を取られて忘れちゃったんだよね）

復習ピース •

I'm able to ～：～できる >> PIECE 02 p.023

I couldn't ～：～できなかった >> PIECE 03 p.026

I have to ～：～しなきゃ >> PIECE 08 p.040　　　There is ～：～がある >> PIECE 10 p.044

I used to ～：前は～してた >> PIECE 16 p.055

I get excited for ～：～が楽しみになる >> PIECE 18 p.059

I was gonna/going to ～：～するつもりだった >> PIECE 21 p.065

I almost ～：～してしまうところだった >> PIECE 24 p.071

It takes 時間 to ～：～するのに…かかる >> PIECE 30 p.086

I forgot (that)

～ってこと忘れてた

> I forgot that **I've booked a train ticket already.**
>
> もう電車の切符を予約したこと、忘れてた。

that のあとには文章が入るので、動詞が入る I forgot to ～ （ピース 12）
とは違い、CHAPTER 1 で紹介したさまざまなピースを当てはめられます。
I forgot (that) まで言ったあとは、自由に文章を足すだけで大丈夫です。

💬 I forgot that **I parked here.** （ここに駐車したの忘れてた）

💬 I forgot that **I bought bananas.** （バナナを買ったことを忘れてた）

Don't forget that を最初に置いて、相手に「～っていうことを忘れない
でね」とリマインドする時にも使えます。

💬 Don't forget that **you have cheese cake in the fridge.**
（冷蔵庫にチーズケーキあるの、忘れないでね）

 Let's Puzzle!! ピースとピースを組み合わせよう ◀) 086

PIECE 01
I forgot that **she can play the piano .** （彼女がピアノを弾けることを忘れてた）

PIECE 07
Don't forget that **the plumber is coming tomorrow .**
（明日水道業者の人が来るの、忘れないでね）

PIECE 08
Don't forget that **we have to wake up early tomorrow .**
（明日早起きしないといけないってこと忘れないでね）

PIECE 08
I forgot that **we don't have to take off our shoes .**
（靴を脱がなくてもいいってこと、忘れてた）

PIECE 09

I forgot that my grandma might come too .

（おばあちゃんも来るかもしれないってこと、忘れてた）

PIECE 09

I forgot that my package might arrive today .

（今日荷物が届くかもしれないってこと、忘れてた）

PIECE 10

I forgot that there is dessert . （デザートがあることを忘れてた）

PIECE 10

Don't forget that there is more flour in the cupboard .

（棚にまだ小麦粉があるよ）

※cupboard：戸棚

PIECE 16

I forgot that she used to be an English teacher .

（彼女が昔英語の先生だったこと、忘れてた）

PIECE 21

I forgot that I was gonna go to the pharmacy .

（薬局に行こうとしてたの、忘れてた）

PIECE 22

I forgot that I was supposed to water the flowers every day .

（お花に毎日水をやることになってたの、忘れてた）

PIECE 26

I forgot that you've been to Japan .

（あなたが日本へ行ったことがあるってこと、忘れてた）

PIECE 28

I forgot that I've booked a train ticket already .

（もう電車の切符を予約したこと、忘れてた）

PIECE 30

I forgot that it takes a few months to receive the results .

（結果が来るのに数か月かかるってこと、忘れてた）

CHAPTER 2 ［応用編］さらに表現力アップのピース36

復習ピース ・・

I can 〜：〜できる >> PIECE 01 p.020   I'm 〜ing：〜する予定 >> PIECE 07 p.037
I have to 〜：〜しなきゃ >> PIECE 08 p.040
I don't have to 〜：〜しなくてもいい >> PIECE 08 p.040
I might 〜：〜するかも >> PIECE 09 p.042   There is 〜：〜がある >> PIECE 10 p.044
I used to 〜：前は〜してた >> PIECE 16 p.055
I was gonna 〜：〜するつもりだった >> PIECE 21 p.065
I was supposed to 〜：〜することになってた >> PIECE 22 p.067
I've 〜：〜したことがある >> PIECE 26 p.075   I've 〜 already：もう〜した >> PIECE 28 p.080
It takes 時間 to 〜：〜するのに…かかる >> PIECE 30 p.086

I know (that)
〜というのはわかってる

> ## I know that **there is ice cream at home, but...**
> 家にアイスがあることはわかってるんだけど……。

🎴 I know **it's spicy, but I want to try a little bit.**
　（辛いのはわかってるんだけど、ちょっと食べてみたい）

「わかってる、だけど……」というふうに、後ろに but がついて文章が続くことがほとんどです。

🎴 I know that **the store is far, but I want to go there.**
　（そのお店が遠いことはわかってる、でも行きたいんだ）

🎴 I know that **the flight is expensive, but I want to go to India.**
　（飛行機の値段が高いことはわかってる、でもインドに行きたいんだ）

 Let's Puzzle!! ピースとピースを組み合わせよう　◀) 088

PIECE 01
I know that **I can do it , but I'm scared.**
（自分にできるのはわかってるけど、怖いんだ）

PIECE 01
I know that **we can't order food anymore , but can we still order drinks?**
（もう食べ物は注文できないと思いますが、飲み物はまだ注文できますか?）

PIECE 04
I know that **I should study more , but I get lazy.**
（もっと勉強するべきだってことはわかってるんだけど、だらだらしちゃうんだよね）

PIECE 04
I know that **I shouldn't stay up late , but I still want to watch one more episode.** （夜更かしするべきじゃないのはわかってるんだけど、もう一話だけ見たいんだ）

I know that **PIECE 08** **I don't have to write down everything , but I prefer to.**

(全部書き留めなくてもいいことはわかってるんだけど、そうするほうが好きなんだ)

※ prefer to ～：～するほうが好き

I know that **PIECE 10** **there is ice cream at home , but I want some gelato.**

(家にアイスがあることはわかってるんだけど、ジェラートが食べたい)

I know that **PIECE 10** **there are a lot of applicants , but I want to apply.**

(たくさん応募者がいるのはわかってるけど、応募してみたいんだ)

I know that **PIECE 22** **I'm supposed to put nuts in it , but I don't have any.**

(本来はナッツを入れるべきだってことはわかってるんだけど、ないんだよね)

I know that **PIECE 22** **I'm not supposed to look at the answers , but it's so hard.** (本当は答えを見るべきじゃないってことはわかってるんだけど、すごく難しい)

I know that **PIECE 30** **it takes a long time to get there , but we have to go there.** (時間がかかることはわかってるけど、そこに行かなきゃ)

I know that **PIECE 33** **it doesn't look good , but it should taste OK .**

(見た目はよくないのはわかってる、けど味は大丈夫なはず)

I know that **PIECE 34** **it might be too late , but can I still buy a ticket?**

(もう遅すぎるかもしれませんが、まだチケットを買えますか?)

復習ピース

I can ～：～できる >> PIECE 01　p.020

I should ～：～したほうがいい >> PIECE 04　p.028

I don't have to ～：～しなくてもいい >> PIECE 08　p.040

There is/are ～：～がある／いる >> PIECE 10　p.044

I'm supposed to ～：～するべき >> PIECE 22　p.067

It takes 時間 **to** ～：～するのに…かかる >> PIECE 30　p.086

It looks ～：～に見える >> PIECE 33　p.090

It might be ～：～かもしれない >> PIECE 34　p.092

I didn't know (that)

〜なんて知らなかった

> ### I didn't know that **you were coming.**
> あなたが来ること、知らなかった。

「〜だということを知らなかった」と言いたい時は、I didn't know (that) 〜とあらわすことができます。ちょうど今知った場合も、数日前や数か月前に知った場合も使うことができます。

- 🔊 I didn't know that **he quit the job.** （彼が仕事を辞めたなんて知らなかった）
  ※quit 〜：〜を辞める（過去形もquit、上の例文は過去形）
- 🔊 I didn't know **she doesn't eat meat.**
  （彼女がお肉を食べないことを知らなかった）

Let's Puzzle!! ピースとピースを組み合わせよう 🔊 090

PIECE 01

I didn't know that **you could order on the app** .

（アプリで注文できるの、知らなかった）
※you：一般的なみんなのこと
※I didn't know 〜が過去形なので、中に入るcan「〜できる」も過去形のcouldになっています。

PIECE 01

I didn't know that **cats could jump so high** .

（猫がそんなに高く飛べるなんて知らなかった）

PIECE 06

I didn't know that **a laptop would cost that much** .

（ノートパソコンがそんなに高いとは知らなかった）
※cost：値段がかかる

PIECE 07

I didn't know that **you were waiting for me** .

（あなたが私のことを待ってたの、知らなかった）

PIECE 07

I didn't know that● you were coming . （あなたが来ること、知らなかった）

PIECE 10

I didn't know that● there was a pizza shop here .

（ここにピザ屋さんがあるなんて知らなかった）

PIECE 14

I didn't know that● you ended up buying that car .

（あなたが結局あの車を買ったってこと、知らなかった）

PIECE 16

I didn't know that● my mom used to work for an IT company .

（母が昔 IT 会社で働いてたなんて知らなかった）

PIECE 22

I didn't know that● you were supposed to book in advance .

（前もって予約するものだなんて知らなかった）

PIECE 22

I didn't know that● you weren't supposed to feed onions to dogs .

（犬に玉ねぎをあげちゃいけないってこと、知らなかった）

PIECE 26

I didn't know that● she's been to Japan .

（彼女が日本に行ったことがあるって知らなかった）

PIECE 27

I didn't know that● he's been learning Spanish .

（彼がずっとスペイン語を学んでるなんて知らなかった）

PIECE 06 **PIECE 30**

I didn't know that● it would take more than 2 hours by train .

（電車で 2 時間以上かかるだなんて、知らなかった）

CHAPTER 2

［応用編］さらに表現力アップのピース36

──

復習ピース ・・・

I can 〜：〜できる >> PIECE 01 p.020　　　　　　**I would 〜**：〜だろう >> PIECE 06 p.033
I'm 〜ing：〜している／〜する予定 >> PIECE 07 p.037
There is 〜：〜がある >> PIECE 10 p.044
I ended up 〜ing：結局〜した >> PIECE 14 p.051
I used to 〜：前は〜してた >> PIECE 16 p.055
I'm supposed to 〜：〜することになっている >> PIECE 22 p.067
I've 〜：〜したことがある >> PIECE 26 p.075
I've been 〜ing：ずっと〜している >> PIECE 27 p.078
It takes 時間：…かかる >> PIECE 30 p.086

Did I tell you (that) ＿＿？

～って話したっけ？

> ### Did I tell you that I'm going to the Philippines next month?
> 来月フィリピンに行くって話したっけ？

「～って話したっけ？」と、自分が以前伝えたかどうかを確認する際に使える表現です。ピース 40 で紹介した Did you hear (that) ～?「～って、聞いた？」と同じく、話を始める時にも使えますね。

- Did I tell you that **I moved?** (私引っ越したって言ったっけ?)
- Did I tell you that **I started taking kickboxing classes?**
  (キックボクシングのクラスを受け始めたって話したっけ?)

Let's Puzzle!! ピースとピースを組み合わせよう 🔊 092

Did I tell you that **PIECE 02** **I got to meet Lauren in Tokyo**？
(東京でローレンに会えたって話したっけ?)

Did I tell you that **PIECE 02** **I got to go to Canada for work**？
(仕事でカナダに行けたって話したっけ?)

Did I tell you that **PIECE 07** **I'm going to the Philippines next month**？
(来月フィリピンに行くって話したっけ?)

Did I tell you that **PIECE 07** **we're renovating our house**？
(今、家を改装してるって、話したっけ?)

Did I tell you that **PIECE 08** **I have to go to the head office tomorrow**？
(明日私が本社に行かなきゃいけないこと、話したっけ?)

Did I tell you that PIECE 08 **I have to go to the clinic this afternoon ?**

（今日の午後、病院に行かなきゃいけないって話したっけ？）

Did I tell you that PIECE 08 **I had to go to the auto mechanic again ?**

（車の修理にまた行かなきゃいけなかったって話したっけ？）

Did I tell you that PIECE 09 **I might move to another branch ?**

（私、別の支社に異動するかもしれないこと、話したっけ？）

Did I tell you that PIECE 10 **there are robots in our company ?**

（私たちの会社にロボットがいるって話したっけ？）

Did I tell you that PIECE 10 **there's a huge playground in my neighborhood ?**（近所にすごく大きな公園があるって話したっけ？）

Did I tell you that PIECE 13 **I decided to go on a diet ?**

（ダイエットすることにしたって、話したっけ？）
※go on a diet：ダイエットをする

Did I tell you that PIECE 14 **I ended up giving him chocolate for Valentine's Day ?**（結局バレンタインに彼にチョコレートあげたこと、話したっけ？）

Did I tell you that PIECE 16 **I used to live abroad ?**

（私、海外に住んでたって言ったっけ？）

Did I tell you that PIECE 16 **I used to do Kendo ?**

（私、昔剣道してたって言ったっけ？）

Did I tell you that PIECE 33 **you look like Anne Hathaway ?**

（アン・ハサウェイに似てるねって、前にも言ったっけ？）

CHAPTER 2 ［応用編］さらに表現力アップのピース 36

復習ピース

I got to ～：～できた >> PIECE 02　p.023
I'm ～ing：～している／～する予定 >> PIECE 07　p.037
I have to ～：～しなきゃ >> PIECE 08　p.040　　**I might** ～：～するかも >> PIECE 09　p.042
There is/are ～：～がある／いる >> PIECE 10　p.044
I decided to ～：～することにした >> PIECE 13　p.050
I ended up ～ing：結局～した >> PIECE 14　p.051
I used to ～：前は～してた >> PIECE 16　p.055　　**It looks like** ～：～みたい >> PIECE 33　p.090

I'm lucky

〜でラッキー

> ### I'm lucky **I haven't left home yet.**
> まだ家を出てなくてラッキーだった。

🔊 I'm lucky **I brought an umbrella.** (傘を持ってきてラッキーだった)

🔊 I'm lucky **I have spare socks.** (予備の靴下を持っててラッキーだ)

Let's Puzzle!! ピースとピースを組み合わせよう ◀)) 094

PIECE 10
I'm lucky **there is a laundromat near my house . It's so convenient.** (家の近くにコインランドリーがあってラッキーだ。すごく便利だから)

PIECE 12
I'm lucky **I forgot to book an appointment . I can't go on that day.** (予約するのを忘れててラッキーだった。その日、行けないから)

PIECE 13
We're lucky **we decided to stay longer . We got to see the fireworks.** (もう少しここにいることにしてラッキーだったね。花火を見られたし)

PIECE 14
We're lucky **we ended up booking this flight . The other one got delayed.** (結局こっちのフライトにしてラッキーだったね。もう1つの便は遅延したから)

PIECE 28
I'm lucky **I haven't left home yet . Baseball practice just got cancelled.** (まだ家を出てなくてよかった。野球の練習が今ちょうど中止になったから)

復習ピース

There is 〜：〜がある >> PIECE 10 p.044   **I forgot to 〜：〜し忘れた** >> PIECE 12 p.048
I decided to 〜：〜することにした >> PIECE 13 p.050
I ended up 〜ing：結局〜した >> PIECE 14 p.051
I haven't 〜 yet：まだ〜してない >> PIECE 28 p.080

PIECE
48
🔊 095

I'm worried (that)
〜が心配だ

> I'm worried that **I'll look too casual.**
> 服装がカジュアルに見えすぎないか心配だ。

will や might と合わせて使われることが多いピースです。

- I'm worried **I might be late.** (遅れないか心配だ)
- I'm worried that **my boss will say no.** (上司がダメって言わないか心配だ)

Let's Puzzle!! ピースとピースを組み合わせよう 🔊 096

PIECE 05 **PIECE 12**
I'm worried that **I'll forget to grab the room key .**
(部屋の鍵を持って出るのを忘れないか心配だ)

PIECE 05 **PIECE 33**
I'm worried that **I'll look too casual .**
(服装がカジュアルに見えすぎないか心配だ)

PIECE 06
I was worried that **it would spill .** (こぼれるんじゃないだろうかと心配だった)

PIECE 09
I was worried that **I might miss the bus .** (バスを逃すかもと心配だった)

PIECE 25
I'm worried that **I might not be able to get tickets .**
(チケットが取れないかもと心配してる)

復習ピース
I will 〜：〜だろう >> PIECE 05 p.031　　I would 〜：〜だろう >> PIECE 06 p.033
I might 〜：〜するかも >> PIECE 09 p.042　　I forget to 〜：〜し忘れる >> PIECE 12 p.048
I might be able to 〜：〜できるかも >> PIECE 25 p.073
It looks 〜：〜に見える >> PIECE 33 p.090

CHAPTER 2 ［応用編］さらに表現力アップのピース36

123

PIECE 49

I'm sure (that)

((097

きっと〜だよ

I'm sure the rain will stop soon.

きっと雨はすぐに止むよ。

「きっと〜だよ」「絶対に〜だと思う」と言いたい時に、「sure ＝確信がある」を使って I'm sure (that) 〜とあらわします。

🔵 I'm sure **she likes chocolate.** (絶対彼女はチョコレートが好きだよ)

🔵 I'm sure **I locked the door.** (私、絶対ドアの鍵閉めたよ)

日本語と同じように、「絶対」は主観的な意味を含むので、どのくらい絶対なのかは話者の感覚や言い方により異なります。また、「きっと〜だから大丈夫だよ」と相手を勇気づける時にも使われます。

Let's Puzzle!! ピースとピースを組み合わせよう ((098

PIECE 01

I'm sure **you can do it .** (あなたならできるよ)

PIECE 01

I'm sure **you can eat two .** (あなたなら2個食べられるよ)

It's just behind this building, so I'm sure **PIECE 01** **you can find it .**
(この建物のすぐ裏だから、すぐ見つけられるよ)

PIECE 05

I'm sure **the rain will stop soon .** (きっと雨はすぐに止むよ)

The necklace is so pretty. I'm sure **PIECE 05** **she will like it .**
(そのネックレス綺麗だね。きっと彼女、それを気に入ると思うよ)

PIECE 05

I'm sure **the next bus will come soon .** (きっと次のバスがすぐ来るよ)

I'm nervous for the presentation. — **I'm sure** **you'll do fine** .

PIECE 05

（プレゼン緊張するなぁ ― あなたならうまくやれるよ）

I'm sure **you'll get used to it soon** . （きっとすぐに慣れるよ）

PIECE 05　PIECE 20

I cut my bangs too short. — Don't worry, **I'm sure** **they will grow back soon** . （前髪短く切りすぎちゃった ― 大丈夫、またすぐ伸びるよ）

PIECE 05

I'm sure **he's still sleeping** . （きっとまだ彼は寝てると思うよ）

PIECE 07

My computer stopped working. — **I'm sure** **it's just loading** .

PIECE 07

（パソコンが動かなくなっちゃった ― ローディングしてるだけだよ）

I'm sure **there is a parking lot** . （きっと駐車場があるよ）

PIECE 10

I'm sure **there is a cafe nearby** . （絶対近くにカフェがあると思うよ）

PIECE 10

I'm sure **your host family is excited to see you** .

PIECE 18

（きっとホストファミリーはあなたに会えるのを楽しみにしてると思うよ）

I'm sure **he's been to Tokyo before** . （彼は東京に行ったことあると思う）

PIECE 26

I'm sure **you've heard of the song** . **It's so popular** .

PIECE 26

（あなたも絶対その歌聞いたことあるよ。すごい人気だから）

I'm sure **the meeting has finished** . （会議はもう終わったと思うよ）

PIECE 28

I'm sure **the clothes have dried** . （服、もう乾いたと思うよ）

PIECE 28

I'm sure **this photo will remind her of our trip to Sendai** .

PIECE 05　PIECE 31

（この写真があれば彼女はきっと仙台旅行のことを思い出すよ）

復習ピース

I can ～：～できる >> PIECE 01 p.020　　　**I will ～**：～だろう >> PIECE 05 p.031
I'm ～ing：～している >> PIECE 07 p.037　　**There is ～**：～がある >> PIECE 10 p.044
I'm excited to ～：～するのが楽しみ >> PIECE 18 p.059
I get used to ～：～に慣れる >> PIECE 20 p.063
I've ～ before：～したことがある >> PIECE 26 p.075
I've ～：もう～した >> PIECE 28 p.080
It reminds me of ～：（それを見る／聞くと）～を思い出す >> PIECE 31 p.088

Make sure (that)

ちゃんと〜してね

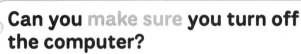

Can you make sure **you turn off the computer?**

ちゃんとパソコンの電源を切っておいてくれる？

Make sure（that）の後ろに入る文章は、未来のことでも will などはつかず、動詞は現在形となります。

💬 Make sure **you bring your umbrella.**（ちゃんと傘を持ってきてね）

💬 Make sure **you dry your hair.**（ちゃんと髪を乾かしてね）

上の例のように、相手の行動を促す場合は Make sure you 〜となります。
「○○が〜になっているかどうか」を相手に確認してほしい場合は、
Make sure の後に来る主語は○○になります。下の例を見てみましょう。

💬 Make sure **the fridge door is closed.**
　　（ちゃんと冷蔵庫のドアが閉まってるか確認してね）

💬 Make sure **the lights are off.**（ちゃんと電気が消えてるか確認してね）

また、make sure 自体が動詞のかたまりなので、CHAPTER 1 で紹介した「Can you 〜？」などのピースの後ろに make sure 〜を入れることができます。

例えば、make sure してくれるようお願いしたい時。

💬 **Can you** make sure **you get there by 7?**
　　（7時までにそこに着くようにしてくれますか？）

自分が make sure する場合は、〜するね＝ I'll を使います。

💬 **I'll** make sure **I add some salt this time.**（今回はちゃんと塩を加えるね）

ちゃんと make sure しなきゃ、と言いたい時は I have to を使えますね。

💬 **I have to** make sure **I call Kathy tomorrow morning.**
　　（ちゃんと明日の朝キャシーに電話しなきゃ）

Let's Puzzle!! ピースとピースを組み合わせよう 🔊) 100

PIECE 01
Can you make sure **all the doors are locked?**
（全部のドアの鍵が閉まってるか確認してもらえますか?）

PIECE 01
Can you make sure **your phone number and email address are correct?**（電話番号とメールアドレスが合っているか確認してもらえますか?）

PIECE 01
Can you make sure **you turn off the computer?**
（ちゃんとパソコンの電源を切っておいてくれる?）

PIECE 05
I'll make sure **I send you the photos.** （ちゃんと写真を送るからね）

PIECE 05
I'll make sure **I set an alarm this time.**
（今回はちゃんとアラームをかけるよ）

PIECE 08
I have to make sure **I take the medicine.** （ちゃんと薬を飲まなきゃ）

PIECE 08
I have to make sure **the files are saved.**
（ちゃんとファイルが保存されているか確認しなきゃ）

PIECE 08
I have to make sure **the chicken is cooked.**
（鶏肉がちゃんと焼けてるか確認しなきゃ）

PIECE 10
Make sure **there is enough ice for the party .**
（パーティーのために十分な量の氷があるか確認してね）

PIECE 10
Make sure **there is enough room for the car behind you .**
（ちゃんと後ろの車のためのスペースがあるか確認してね）

復習ピース ....

Can you 〜：〜してもらえない? >> PIECE 01 p.020
I'll 〜：〜しておくね >> PIECE 05 p.031
I have to 〜：〜しなきゃ >> PIECE 08 p.040　　　**There is** 〜：〜がある >> PIECE 10 p.044

PIECE 51

🔊 101

Sometimes
〜な時もある

> ## Sometimes **I don't have to make dinner for my husband.**
> 夫に夕飯を作らなくてもいい時もあるの。

「時々」という意味の sometimes を文章の前に置くと、「時々〜する」「〜な時もある」という意味になります。

📝 Sometimes **I listen to this song.** (時々この曲を聞くんだ)

📝 Sometimes **he's late.** (彼は遅れてくる時もある)

 Let's Puzzle!! ピースとピースを組み合わせよう 🔊 102

Sometimes **PIECE 01** **you can see the Orion** . (オリオン座が見える時もあるよ)

Sometimes **PIECE 01** **you can get a table without a reservation** .
(予約しなくても席が取れる時もある)

Sometimes **PIECE 01** **I can't focus on anything** . (何にも集中できない時がある)

Sometimes **PIECE 02** **I get to talk to the CEO there** .
(そこでCEOと話せる時もあるんだ)

Sometimes **PIECE 02** **I get to sit in the front row** . (最前列に座れる時もあるよ)

Sometimes **PIECE 08** **I have to go to the head office** .
(本社に行かないといけない時もあるんだ)

Sometimes **PIECE 08** **I have to do the laundry twice a day** .
(1日に2回洗濯をしないといけない時もある)

PIECE 08

Sometimes **I don't have to make dinner for my husband** .

（夫に夕飯を作らなくてもいい時もあるの）

PIECE 08

Sometimes **you don't have to wait in line** . （並ばなくていい時もある）

PIECE 10

Sometimes **there is a long line in front of the shop** .

（お店の前に長い列ができる時もあるよ）

PIECE 10

Sometimes **there are food trucks in the park** .

（公園にフードトラックが出てる時もあるよ）

PIECE 12

Sometimes **I forget to take things out of the microwave** .

（電子レンジから物を取り出すのを忘れる時があるんだ）

PIECE 12

Sometimes **I forget to eat breakfast** . （時々、朝ごはんを食べ忘れるんだ）

PIECE 30

Sometimes **it takes hours to get there because of the traffic** .

（渋滞のせいでそこに着くのに何時間もかかる時がある）

※ hours：何時間も

※ because of 〜：〜が原因で

PIECE 31

Sometimes **that dog reminds me of my old dog Coco** .

（あの犬を見ると、亡くなった愛犬のココを思い出す時がある）

PIECE 32

Sometimes **being on the bus makes me sick** .

（バスに乗ると気分が悪くなる時があるんだ）

※ being on the bus：バスに乗ること

復習ピース ・・・

I can 〜：〜できる >> PIECE 01　p.020
I get to 〜：〜できる（〜する機会がある）>> PIECE 02　p.023
I have to 〜：〜しなきゃ >> PIECE 08　p.040
I don't have to 〜：〜しなくてもいい >> PIECE 08　p.040
There is/are 〜：〜がある >> PIECE 10　p.044
I forget to 〜：〜し忘れる >> PIECE 12　p.048
It takes 時間 to 〜：〜するのに…かかる >> PIECE 30　p.086
It reminds me of 〜：（それを見ると）〜を思い出す >> PIECE 31　p.088
It makes me 〜：私を〜にする >> PIECE 32　p.089

PIECE 52

🔊 103

I can't believe (that) !

〜だなんて！

I can't believe **I'm going to the US!**

私がアメリカに行くなんて！

直訳すると「〜とは信じられない」。単純な驚きや嬉しい驚きだけでなく、がっかりしたり怒ったりしている様子をあらわすこともできます。

🔊 I can't believe **it's Friday!**（もう金曜日だなんて！）

🔊 I can't believe **she finished the whole cake!**
（彼女がケーキを全部食べたなんて！）

Let's Puzzle!! ピースとピースを組み合わせよう 🔊 104

PIECE 07

I can't believe **I'm going to the US !**（私がアメリカに行くなんて！）

PIECE 12

I can't believe **I forgot to bring a towel to the gym !**

（え〜。ジムに行くのにタオルを忘れるなんて……）

PIECE 27

I can't believe **she's been studying for 3 hours !**

（彼女が3時間もずっと勉強してるなんてびっくり！）

PIECE 32

I can't believe **the book made her cry !**（あの本で彼女が泣いたなんて！）

※ make me 〜には形容詞だけでなく、cryのように動詞を入れることもできます。

復習ピース

I'm 〜ing：〜している／〜する予定 >> PIECE 07 p.037
I forgot to 〜：〜し忘れた >> PIECE 12 p.048
I've been 〜ing：ずっと〜している >> PIECE 27 p.078
It makes me 〜：私を〜にする >> PIECE 32 p.089

PIECE 53

🔊 105

I guess

〜じゃないかな

I guess I should take it easy today.
たぶん今日は安静にしておいたほうがいいかな。

特に根拠はないけれど、「たぶん〜だと思う」と言いたい時や、少し控えめな言い回しにしたい時には I guess 〜で文章を始められます。会話では、「〜 , I guess.」というふうに文末に置かれることもあります。

🔊 I guess I was a little nervous. (少し緊張してたのかな)

🔊 These towels are dry, I guess. (このタオル、たぶん乾いてると思う)

Let's Puzzle!! ピースとピースを組み合わせよう 🔊 106

I guess **PIECE 01 I can talk about my experiences abroad** .
(まぁ、私の海外での経験についてだったら話せるかな)

I guess **PIECE 01 I can make a smoothie with it** .
(それでスムージーを作れるんじゃないかな)

I guess **PIECE 01 we can download the file** .
(そのファイル、ダウンロードできるんじゃないかな)

I guess **PIECE 03 I could go** . (まぁ、行けないことはないと思う)

I guess **PIECE 03 I could stay a bit longer** . (もう少し長くいられるといえばいられると思うよ)

I guess **PIECE 04 I should take it easy today** .
(たぶん今日は安静にしておいたほうがいいかな)

PIECE 04

I guess **I should wash it by hand .** (たぶん手で洗ったほうがいいかな)

PIECE 05

I guess **I'll go to the cafe and do some work .**

(じゃあカフェに行って仕事でもするか)

PIECE 05

I guess **I'll make fried rice .** (じゃあチャーハンでも作ろうか)

PIECE 05 **PIECE 30**

It will take a few days for me to recover **, I guess .**

(回復するのに2〜3日かかるんじゃないかな)

PIECE 07 **PIECE 20**

I guess **I'm getting used to the new job .** (新しい仕事に慣れてきたのかな)

PIECE 07

I guess **I'm improving slowly .** (少しずつ上達してるってことなのかな)

PIECE 08

I guess **I have to wait here .** (たぶんここで待たなきゃいけないんだろうな)

PIECE 08

I guess **I have to redo it .** (たぶんやり直さないといけないな)

PIECE 20

I guess **I'm used to long drives .** (私、長距離運転に慣れてるんだと思う)

PIECE 20

They're used to humans **, I guess .**

(たぶんあの動物たち、人間に慣れてるんだと思う)

PIECE 22

I guess **I'm supposed to put the cream on every day .**

(たぶん本当は毎日クリームをつけなきゃいけないんだろうけど)

※put 〜 on：〜をつける

PIECE 22

I guess **I'm supposed to use superglue .**

(たぶん本当は接着剤を使わなきゃいけないんだろうけど)

復習ピース •

I can 〜：〜できる >> PIECE 01 p.020   **I could 〜：**〜できなくはない >> PIECE 03 p.026
I should 〜：〜したほうがいい >> PIECE 04 p.028
I will 〜：〜しておくね／〜しよっと >> PIECE 05 p.031
It will 〜：〜だろう >> PIECE 05 p.031
I'm 〜ing：〜している >> PIECE 07 p.037   **I have to 〜：**〜しなきゃ >> PIECE 08 p.040
I'm used to 〜：〜に慣れている >> PIECE 20 p.063
I get used to 〜：〜に慣れる >> PIECE 20 p.063
I'm supposed to 〜：〜することになっている >> PIECE 22 p.067
It takes 時間 **to 〜：**〜するのに…かかる >> PIECE 30 p.086

It says (that)
〜だって

> **It says it might rain tomorrow.**
> **明日雨が降るかもだって。**

It says（that）〜は直訳すると「それは〜と言っている」となりますが、耳で聞いた情報だけでなく、目で見た文字情報にも使えます。つまり、「〜と書いてある」という意味です。看板や標識、新聞などを見て、「（それによると）〜だって」というふうに使えます。

📝 It says **Nagoya is 5 km away.**（名古屋は5キロ先だって）

📝 It says **the hotel has a hot spring.**（ホテルに温泉があるんだって）

Let's Puzzle!! ピースとピースを組み合わせよう 🔊 108

It says • **PIECE 01**
you can bring a friend .（一人友達を連れて行っていいんだって）

It says • **PIECE 01**
you can order up to 10 oysters at a time .
（一度に10個まで牡蠣を頼んでいいんだって）
※up to 〜：最大〜まで
※at a time：一度に

It says • **PIECE 04**
you should have 100 grams of protein a day .
（1日に100グラムのタンパク質を取ったほうがいいんだって）

It says • **PIECE 04**
you should avoid peak hours .
（混み合う時間帯を避けたほうがいいって書いてあるよ）

It says • **PIECE 05**
the package will arrive in 2-3 days .（荷物は2、3日で届くって）

It says • **PIECE 05**
they will open at 10 am .（10時オープンだって）

PIECE 07

It says **it's updating** . (アップデート中って書いてある)

PIECE 08

It says **we don't have to bring any food tomorrow** .

（明日、食べ物は何も持ってこなくていいんだって）

PIECE 08

It says **we don't have to turn it off** .

（電源は切らなくていいって書いてあるよ）

PIECE 09

It says **it might rain tomorrow** . (明日雨が降るかもだって)

PIECE 09

It says **kangaroos might appear on this road** .

（この道路にはカンガルーが現れるかもだって）

PIECE 10

It says **there is a free trial** . (無料体験があるって書いてあるよ)

PIECE 10

It says **there are fireworks at the end** . (最後に花火があるんだって)

※ at the end：最後に

PIECE 21

It says **it's going to be 35 degrees today** . (今日35度になるんだって)

PIECE 30

It says **it takes 20 minutes to get there by bus** . (バスで20分かかるって)

PIECE 25

It says **we might be able to see dolphins here** .

（ここでイルカを見られるかもしれないって書いてあるよ）

PIECE 09 **PIECE 30**

It says **it might take more than 5 working days** .

（5営業日以上かかるかもだって）

復習ピース

I can ～：～できる >> PIECE 01 p.020
I should ～：～したほうがいい >> PIECE 04 p.028
It will ～：～だろう >> PIECE 05 p.031　　　I'm ～ing：～している >> PIECE 07 p.037
I don't have to ～：～しなくてもいい >> PIECE 08 p.040
It might ～：～するかも >> PIECE 09 p.042　　　There is/are ～：～がある >> PIECE 10 p.044
I'm going to ～：～するだろう >> PIECE 21 p.065
I might be able to～：～できるかも >> PIECE 25 p.073
It takes 時間 to ～：～するのに…かかる >> PIECE 30 p.086

That means

つまり〜

> # There is road work. That means we have to go around.
>
> 道路工事してる。ってことは、回り道しなきゃいけないね。

前の文章・発言を指して「つまり〜」と推測や説明を続ける時の表現です。

- It says "Man". That means it's full.
  （「満」って書いてある。つまり、満席ってことだよ）

- My dog is staring at me. That means she wants food.
  （うちの犬がこっちを見てる。あれは食べ物が欲しいってことなんだ）
  ※stare at 〜：〜をじっと見つめる（動詞）

- She's not picking up my phone. That means she's busy.
  （彼女が電話に出ない。ってことは、忙しいんだな）

否定文 That doesn't mean 〜「〜っていうわけじゃない」や、疑問文 Does that mean 〜？「それって〜ってこと？」も使われます。

 Let's Puzzle!! ピースとピースを組み合わせよう 110

His driver's license has an "M" on it. **That means** `PIECE 01` he can

drive a manual car too .

（彼の免許証には「M」って書いてあるでしょ。マニュアル車も運転できるってことなんだよ）

It says "Best before". **That means** `PIECE 01` you can still eat it .

（賞味期限って書いてある。だから、まだ食べられるよ）

Does that mean `PIECE 02` we get to see the water show as well ?

（それって、噴水ショーも見られるってこと？）

He hasn't replied to me yet. **That means** `PIECE 07` he's still studying

in the library . （まだ彼から返事が返ってきてない。ってことは、まだ図書館で勉強してるんだな）

The door is open. **That means** `PIECE 07` they're still cleaning the room .

（ドアが開いてる。ってことは、まだ部屋を掃除してるんだよ）

There is road work. **That means** `PIECE 08` we have to go around .

（道路工事してる。回り道しなきゃってことだね）

That doesn't mean `PIECE 08` you have to go .

（だからといってあなたが行かなきゃいけないわけじゃないよ）

The light is on. **That means** `PIECE 08` we have to change the filter .

（ライトが付いてる。フィルターを変えなきゃってことだね）

It says "staff only". **That means** `PIECE 22` we're not supposed to go in .

（従業員だけって書いてある。ってことは入っちゃいけないんだね）

The lights are off. **That means** `PIECE 28` he hasn't come home yet .

（電気が消えてる。ってことは、彼はまだ家に帰ってないんだな）

Her icon isn't showing under the message.

That means `PIECE 28` she hasn't read it yet .

（メッセージの下に彼女のアイコンが表示されてない。ってことは、まだ読んでないんだな）

Oh no, I left my bus card at home. **That means** `PIECE 08` I have to go

back home to get it . And **that means** `PIECE 34` I might be late for school .

（あぁ、バスカードを家に置いてきちゃった。ってことは、カードを取りに家に帰らなきゃ。ってことは、学校に遅れるかもしれない）

※こんなふうに、that means を繰り返し使うこともできます。

復習ピース . . . .

I can 〜：〜できる >> PIECE 01 p.020
I get to 〜：〜できる（〜する機会がある）>> PIECE 02 p.023
I'm 〜ing：〜している >> PIECE 07 p.037　　　**I have to 〜**：〜しなきゃ >> PIECE 08 p.040
I'm supposed to 〜：〜することになっている >> PIECE 22 p.067
I haven't 〜 yet：まだ〜してない >> PIECE 28 p.080
It might be 〜：〜かもしれない >> PIECE 34 p.092

Is it OK if ?

〜してもいいですか?

Is it OK if it takes 10 more minutes?

もう10分かかっても大丈夫ですか?

⦿ Is it OK if **I try this on?**（これ、試着してもいいですか?）

⦿ Is it OK if **I invite him?**（彼を呼んでもいいですか?）

⦿ Is it OK if **I come in?**（中に入ってもいいですか?）

上の3つのように主語が I の場合は「Can I 〜＝〜してもいいですか?」に言い換えることができますが、Is it OK if 〜? は後ろに文章を置けるので、下の文章のように主語が何であっても使えて便利です。

⦿ Is it OK if **it has some lemon in it?**（レモンが入ってても大丈夫ですか?）

⦿ Is it OK if **it arrives in 5 days?**（5日後に届いても大丈夫ですか?）

Let's Puzzle!! ピースとピースを組み合わせよう ◀) 112

Is it OK if
PIECE 01
I can't come at the starting time ?
（開始時間に来られなくても大丈夫ですか?）

Is it OK if
PIECE 10
there is a gap ?（隙間があっても大丈夫ですか?）

Is it OK if
PIECE 30
it takes 10 more minutes ?（もう10分かかっても大丈夫ですか?）

Is it OK if
PIECE 33
it looks blue, not green?（緑じゃなくて、青っぽくても大丈夫?）

復習ピース •

I can 〜：〜できる >> PIECE 01 p.020

It takes 時間：…かかる >> PIECE 30 p.086

There is 〜：〜がある >> PIECE 10 p.044

It looks 〜：〜に見える >> PIECE 33 p.090

I don't know why

なんで〜なのかわからない

I don't know why I can't fall asleep.

なんで眠れないんだろう。

「なんで〜なのかがわからない」と言いたい時に I don't know why 〜で始められます。「なんで〜なんだろう」などとつぶやきたい時にも使われます。

🗨 I don't know why **she's upset.** (なんで彼女が怒ってるかわからない)

🗨 I don't know why **I said that.** (私、なんでそんなこと言ったんだろう)

 Let's Puzzle!! ピースとピースを組み合わせよう ◀) 114

PIECE 01
I don't know why **I can't fall asleep .** (なんで眠れないんだろう)

PIECE 01
I don't know why **I can't scan the code .**
(なんでコードをスキャンできないのかわからない)

PIECE 07
I don't know why **I'm doing this .** (なんでこんなことしてるんだろう)

PIECE 08
I don't know why **I have to wear this .**
(なんでこれを着なきゃいけないのか、わからない)

PIECE 10
I don't know why **there is a sock here .**
(なんでこんなところに靴下があるんだろう)

PIECE 10
I don't know why **there are so many people today .**
(なんで今日はこんなに人がいるんだろう)

PIECE 12
I don't know why **I forgot to tell you** . Sorry.

（なんで伝えるの忘れちゃったんだろう。ごめんね）

PIECE 13
I don't know why **he decided to go to that college** .

（なんで彼はあの大学に行くことにしたのかわからない）

PIECE 16
I don't know why **I used to collect these cards** .

（なんで昔このカードを集めてたのかわかんないや）

PIECE 31
I don't know why **it reminds me of my grandpa** .

（なんでそれを見るとおじいちゃんを思い出すんだろう）

PIECE 33
I don't know why **the building looks so familiar** .

（なんであの建物、見覚えがあるんだろう）

※familiar：見慣れている、よく知っている（形容詞）

復習ピース ∙∙∙

I can ～：～できる >> PIECE 01 p.020　　　　**I'm ～ing**：～している >> PIECE 07 p.037
I have to ～：～しなきゃ >> PIECE 08 p.040
There is/are ～：～がある／いる >> PIECE 10 p.044
I forgot to ～：～し忘れた >> PIECE 12 p.048
I decided to ～：～することにした >> PIECE 13 p.050
I used to ～：前は～してた >> PIECE 16 p.055
It reminds me of ～：(それを見ると)～を思い出す >> PIECE 31 p.088
It looks ～：～に見える >> PIECE 33 p.090

もっと知りたい **, butが入ると意味が変わる**

似ている表現として I don't know why, but ～「なんでかわからないけど、
～だ」というものもあります。

🔊 I don't know why, but **I feel like kimchi.**
（なんでかわからないけど、キムチが食べたい気分なんだ）

🔊 I don't know why, but **I always order the same pasta.**
（なんでかわからないけど、いつも同じパスタを頼んじゃうんだ）

🔊 I don't know why, but **it reminds me of my home.**
（なんでかわからないけど、故郷を思い出す）

🔊 I don't know why, but **it looks like a flower.**
（なんでかわからないけど、お花みたいに見える）

You know how ?

~じゃん？

You know how you can share your screen on Zoom?
Zoomで画面シェアできるじゃん？

話し始めに「〜なの知ってる？」「〜じゃん？」「〜でしょ？」と言って、そこから何かを説明したい時には、You know how で文を始めることができます。相手と共通の認識がある事柄について話す時に使われることが多いです。

You know how they have a pumpkin latte? I tried it the other day, and it was so good.

（あのお店にかぼちゃラテあるじゃん？　この間飲んでみたんだけど、すごい美味しかったよ）

文法的には、「Do you know how 〜 ?」だったところの Do が省略されているので、疑問文でも主語から始まっています。

Let's Puzzle!! ピースとピースを組み合わせよう 116

You know how *PIECE 01* **you can share your screen on Zoom ?**
（Zoomで画面シェアできるじゃん？）

You know how *PIECE 01* **you can save a post on Instagram ?**
（インスタで投稿を保存できるじゃん？）

You know how *PIECE 07* **they're doing a sale right now ?**
（今、あのお店でセールやってるでしょ？）

You know how *PIECE 07* **our bedroom door is squeaking ?**
（寝室のドア、キーキー言うじゃん？）
※squeak：キーキー鳴る

PIECE 07

You know how **we're running out of rice ?**

（お米がなくなってきてるじゃん？）

※ run out of ～：～を切らす

PIECE 10

You know how **there is a bakery in the station ?**

（駅の中にパン屋があるの、わかる？）

PIECE 10

You know how **there are many family restaurants in Japan ?**

（日本にはたくさんファミレスがあるじゃん？）

PIECE 16

You know how **I used to live downtown ?**

（私、前はダウンタウンに住んでたじゃん？）

PIECE 16 **PIECE 02**

You know how **we used to be able to buy fries for a dollar ?**

（昔は1ドルでフライドポテトを買えたじゃん？）

PIECE 16

You know how **there used to be a dentist here ?**

（前はここに歯医者さんがあったじゃん？）

PIECE 18

You know how **he is so excited for the festival ?**

（彼、すごくお祭りを楽しみにしてるじゃん？）

PIECE 20

You know how **she's used to looking after babies ?**

（彼女、赤ちゃんの面倒を見るのに慣れてるでしょ？）

PIECE 27

You know how **she's been practicing the flute a lot ?**

（彼女、最近すごいフルートの練習してるでしょ？）

PIECE 27

You know how **Bella's been looking for a new apartment ?**

（ベラが新しいアパートを探してるじゃん？）

PIECE 27

You know how **it's been raining so much ?** （最近すごい雨が降ってるじゃん？）

CHAPTER 2 ［応用編］さらに表現力アップのピース36

復習ピース

I can ～ ：～できる >> PIECE 01 p.020　　　**I'm able to ～** ：～できる >> PIECE 02 p.023
I'm ～ing ：～している >> PIECE 07 p.037　　**There is/are ～** ：～がある >> PIECE 10 p.044
I used to ～ ：前は～してた >> PIECE 16 p.055
There used to be ～ ：前はここに～があった >> PIECE 16 p.055
I'm excited for ～ ：～が楽しみ >> PIECE 18 p.059
I'm used to ～ ：～に慣れている >> PIECE 20 p.063
I've been ～ing ：ずっと～している >> PIECE 27 p.078

59
🔊 117

Remember how ?

〜なの覚えてる？

> ### Remember how **we used to go to the cafe after school?**
> 放課後よくあのカフェ行ってたの、覚えてる？

You know how 〜と似ていますが、こちらは自分たちだけが知っていることや経験に使うことが多いです。文頭の Do you が省略されています。

🔵 Remember how **Susan brought lasagna to the party?**
（スーザンがパーティーにラザニアを持ってきてたの覚えてる？）

Let's Puzzle!! ピースとピースを組み合わせよう 🔊 118

PIECE 02
Remember how **we got to see Mt. Fuji on our way to the airport ?**（空港に行く途中で富士山を見ることができたの、覚えてる？）
※ on one's way to 〜：〜に行く途中で

PIECE 16
Remember how **we used to go to the cafe after school ? I miss their donuts.**
（放課後よくあのカフェ行ってたの覚えてる？ あそこのドーナツまた食べたいな）

PIECE 22 **PIECE 14**
Remember how **we were supposed to study but ended up watching a movie ?**（本当は勉強しないといけないのに結局映画を見ちゃったの、覚えてる？）

復習ピース
I got to 〜：〜できた（〜する機会があった） >> PIECE 02 p.023
I ended up 〜ing：結局〜した >> PIECE 14 p.051
I used to 〜：前は〜してた >> PIECE 16 p.055
I was supposed to 〜：〜することになってた >> PIECE 22 p.067

PIECE 60

🔊 119

I like how

〜なのがいいね

I like how there are massage chairs in the gym.

ジムにマッサージ機があるの、いいね。

like は「好き」だけでなく「いいね／面白い」というように、ポジティブな感情をあらわす表現です。現実とは真逆のことを言って面白みを出す英語特有の「皮肉表現」として使われることもあります。

例 I like how **you always read my message but never reply.**
（いつも私のメッセージ見るのに返さないの、いいよね→不満）

Let's Puzzle!! ピースとピースを組み合わせよう 🔊 120

PIECE 01

I like how **we can check each other's schedules online** .

（オンラインでお互いのスケジュールを確認できるのがいいよね）

PIECE 07

I like how **Tama is looking at us through the small window** .

（タマが小さい窓を通してこっちを見てるのがおかしいね）

PIECE 08

I like how **we have to do more work** .

（もっと働かないといけないなんていいね→最悪だ）

PIECE 10

I like how **there are massage chairs in the gym** .

（ジムにマッサージ機があるの、いいよね）

復習ピース

I can 〜：〜できる >> PIECE 01 p.020
I have to 〜：〜しなきゃ >> PIECE 08 p.040

I'm 〜ing：〜している >> PIECE 07 p.037
There are 〜：〜がある >> PIECE 10 p.044

I was like,

〜って感じだった

I was like, I was just about to do it.
今ちょうどやるところだったのにって感じだった。

過去に起こったことを誰かに伝える際、「〜って感じだった」「〜って言った」というふうに、その時に自分やその場にいた人が思ったことや言ったことを、誰々 was like, 〜であらわすことができます。

例 I was like, **wow.** （わぁ！って感じだった）

例 I was like, **that's so cool.** （すごいね！って感じだった）

過去に起こったことでも、内容の部分はその時に思ったこと、言ったことをそのままの時制で入れることができるので、とても便利です。

また、今その場のことを実況するようにも使えます。動物や赤ちゃんなどの気持ちを代弁して「She/He is like, 〜＝〜って言ってそうだね／〜って顔してるね」というふうに現在形で表現します。

例 He's like, **I want to go too!** （彼、私も行きたいって顔してるね）

例 She's like, **I need some rest.** （彼女、休ませてって顔してる）

日常会話でとても頻繁に聞くフレーズですが、フォーマルな場面では「I was like, 〜」よりも「I said, 〜」や「I thought, 〜」などを使ったほうがよいでしょう。

Let's Puzzle!! ピースとピースを組み合わせよう　◀) 122

PIECE 01
I was like, **I can do that .** （それ私がやってあげるよって感じだった）

PIECE 01
She's like, **can I have some ?** （彼女、少しちょうだい？って顔してるね）

PIECE 03

I was like, **I could do that .** (できなくはないよって言った)

PIECE 07

I was like, **I'm still thinking .** (まだ考えてるって感じだった)

PIECE 07

I was like, **I'm still eating !** (まだ食べてますって言った)

PIECE 08

I was like, **I have to get it done today !**

(今日中に終わらせなきゃって感じだった)

※ get 〜 done：〜を終わらせる

PIECE 11

I was like, **let me check with my manager .**

(マネージャーに確認しますねと言った)

PIECE 19

They're like, **we're ready to go too .**

(この子たち、私たちも行く準備できてるよって言ってそうだね)

PIECE 23

I was like, **I was just about to do it .**

(今ちょうどやるところだったのにって感じだった)

PIECE 26

I was like, **I haven't done it before .**

(それ、私やったことないんですけど……って感じだった)

PIECE 27

I was like, **I've been waiting for so long .**

(こっちはずっと待ってるんですけど……って感じだった)

PIECE 33

I was like, **that looks good .** (美味しそうじゃんって言った)

PIECE 33

She's like, **it looks like chocolate !**

(彼女、それチョコレートみたい！って顔してるね)

CHAPTER 2 ［応用編］さらに表現力アップのピース 36

復習ピース・・・

I can 〜：〜してあげる >> PIECE 01　p.020　　　　**Can I 〜**：〜してもいい？ >> PIECE 01　p.020
I could 〜：〜でき--くはない >> PIECE 03　p.026
I'm 〜ing：〜している >> PIECE 07　p.037　　　　**I have to 〜**：〜しなきゃ >> PIECE 08　p.040
Let me 〜：〜させて >> PIECE 11　p.046
I'm ready to 〜：〜する準備ができている >> PIECE 19　p.061
I'm about to 〜：今〜するところ >> PIECE 23　p.069
I've 〜 before：〜したことがある >> PIECE 26　p.075
I've been 〜ing：ずっと〜している >> PIECE 27　p.078
It looks (like) 〜：〜に見える >> PIECE 33　p.090

At least

〜なだけよかったね

At least I got to try the new video game.

新しいゲームを試せただけよかった。

何かよくないことが起きたけど、その中でも前向きなことを言いたい時に使える便利なフレーズです。例えば、風はものすごく強かったけど、

🐘 **At least it didn't rain.** (雨が降らなかっただけよかった)

1日中イベントで働かなきゃいけないときもあるけど、

🐘 **At least we get a free lunch.** (無料のランチをもらえるだけいいよね)

Let's Puzzle!! ピースとピースを組み合わせよう ◀)) 124

PIECE 02
At least **I got to try the new video game** .
(新しいゲームを試せただけよかった)

PIECE 08
At least **I don't have to redo the whole thing** .
(全部やり直さなくていいだけよかった)

PIECE 10
At least **there was a play area for kids** .
(キッズスペースがあっただけよかったね)

PIECE 12
At least **I didn't forget to buy milk** . (牛乳を買い忘れなかっただけよかった)

復習ピース
I got to 〜：〜できた（〜する機会があった）>> PIECE 02 p.023
I don't have to 〜：〜しなくてもいい >> PIECE 08 p.040
There is 〜：〜がある >> PIECE 10 p.044 　　**I forgot to 〜**：〜し忘れた >> PIECE 12 p.048

It seems like
〜みたいだね

> **It seems like it's gonna rain in the afternoon.**
> 午後は雨が降りそうだね。

状況から察したり、何かから情報を得て推測したりする際の表現です。

- It seems like **the cafe is busy today.**（今日はカフェが混んでそうだね）
- It seems like **he knows a lot about computers.**
  （彼、パソコンについて詳しそうだね）

🧩 Let's Puzzle!! ピースとピースを組み合わせよう 🔊 126

PIECE 01
It seems like **they can speak French too** .
（彼ら、フランス語も話せるみたいだね）

PIECE 08
It seems like **we all have to attend the workshop** .
（みんなワークショップに参加しないといけなそうだね）

PIECE 10
It seems like **there are many students today** .
（今日は学生がたくさんいるみたいだね）

PIECE 19
It seems like **everyone is ready to leave** .
（みんな出かける準備ができたみたいだね）

PIECE 20
It seems like **he's used to giving presentations** .
（彼、プレゼンするのに慣れてるみたいだね）

PIECE 21
It seems like **it's gonna rain in the afternoon** .
（午後は雨が降りそうだね）

PIECE 26

It seems like **she's been here before** .

（彼女はここに来たことがあるみたいだね）

PIECE 28

It seems like **some people have left already** .

（もう出た人もいるみたいだね）

PIECE 29

It seems like **I should have bought the tickets earlier** .

（もっと早くチケットを買ったほうがよかったみたいだ）

PIECE 29

It seems like **I should have left earlier** .

（もっと早く出発したほうがよかったみたいだ）

復習ピース ・・

I can ～：～できる >> PIECE 01 p.020   **I have to ～**：～しなきゃ >> PIECE 08 p.040
There are ～：～がいる >> PIECE 10 p.044
I'm ready to ～：～する準備ができている >> PIECE 19 p.061
I'm used to ～：～に慣れている >> PIECE 20 p.063
I'm gonna ～：～するだろう >> PIECE 21 p.065
I've ～ before：～したことがある >> PIECE 26 p.075
I've ～ already：もう～した >> PIECE 28 p.080
I should have ～：～すればよかった >> PIECE 29 p.083

もっと知りたい ╱ **It seems like と It looks like の違い**

It seems like ～と似ている表現として、It looks like ～「～のようだ／
～みたいだ」も会話の中でよく使われます。この It looks like ～はピース 33 と同じ形ですが、後ろに名詞ではなく文章が入る形になります。

It seems like ～、It looks like ～、どちらを使ってもいい場面がほとんどですが、細かいニュアンスの違いとしては

・look：視覚から様子を判断している

・seem：視覚だけでなくその他の情報源からも様子を判断している

となります。

例 It seems like **they can speak French too.** （彼ら、フランス語も話せるみたいだね）

例えばこの文章では、「フランス語も話せる」のは視覚だけから判断したものではなさそうなので、look よりも seem を使うほうが自然です。

148

I wonder if
〜なのかな

I wonder if we can pay by card.
カードで支払えるかな。

独り言でも会話でも、ちょっとした疑問を感じている時は「wonder ＝思う」と「if 〜 ＝〜かどうか」を使ったこの表現でカバーできます。

🔊 I wonder if **the store is open today.** (お店、今日開いてるかな)

🔊 I wonder if **he likes chocolate.** (彼、チョコレート好きかな)

🔊 I wonder if **they have this in different colors.** (これの違う色あるかな)
　※they：お店のこと

 Let's Puzzle!! ピースとピースを組み合わせよう 🔊 128

I wonder if ● **PIECE 01** **we can pay by card** . (カードで支払えるかな)

I wonder if ● **PIECE 03** **I could talk to her** . (彼女と話せそうかな)

I wonder if ● **PIECE 04** **I should buy it** . (それ、買ったほうがいいかな)

I wonder if ● **PIECE 05** **she'll like my gift** . (彼女はプレゼントを気に入ってくれるかな)

I wonder if ● **PIECE 07** **Tina's coming** . (ティーナは来るのかな)

I wonder if ● **PIECE 08** **I have to attend the meeting** .
(私は会議に出席しなきゃいけないのかな)

I wonder if ● **PIECE 10** **there is an ATM nearby** . (近くにATMあるかな)

I wonder if ● **PIECE 26** **they've been to the aquarium** .
(彼らはその水族館に行ったことがあるのかな)

I wonder if `PIECE 30` **it takes long to download it .**

（ダウンロードに長時間かかるかな）

I wonder if `PIECE 33` **this looks too formal .** （この服装、フォーマルすぎるかな）

`復習ピース` . . . .

I can 〜：〜できる >> PIECE 01 p.020
I could 〜：〜できなくはない >> PIECE 03 p.026
I should 〜：〜したほうがいい >> PIECE 04 p.028
I will 〜：〜だろう >> PIECE 05 p.031
I'm 〜ing：〜している／〜する予定 >> PIECE 07 p.037
I have to 〜：〜しなきゃ >> PIECE 08 p.040
There is 〜：〜がある >> PIECE 10 p.044
I've 〜：〜したことがある >> PIECE 26 p.075
It takes 時間 **to** 〜：〜するのに…かかる >> PIECE 30 p.086
It looks 〜：〜に見える >> PIECE 33 p.090

もっと知りたい I'm wondering if 〜?

I wonder if 〜は「〜かな」とボソッと誰からの答えも特に求めず言って
いる印象ですが、相手からの答えを求めて「〜ですか？」と質問する場合
には、「〜かなと思っているんですが……」というふうに現在進行形にし
て I'm wondering if 〜？と尋ねます。この表現は、お店や機関などで質
問する際に使われることが多いです。

💬 **Hi,** I'm wondering if **I could talk to Dr. Wilson?**
（ウィルソン先生とお話できますか？）

💬 **Hi,** I'm wondering if **I could book a table for tonight?**
（今夜の予約はできますか？）

💬 **Hi,** I'm wondering if **you have this in different colors?**
（これの違う色ってありますか？）

また、少し前から疑問に思っていたことを聞く時には I was wondering if
〜というふうに過去形 was を使うことも多くありますが、意味は同じです。

💬 **Hi,** I was wondering if **you are open today?**
（今日、お店は開いていますか？）
※ you：お店のこと

150

Let's see if

〜かどうか様子を見てみよう

Let's see if there is anything good.

何かいいものがあるかな。見てみよう。

「Let's see ＝見てみよう」に「if 〜 ＝〜かどうか」を足して「〜かどうか見てみよう」となります。そして、see には視覚的に何かを見るという意味以外に、様子を見るという意味もあるので、「どうかな？様子を見てみよう・やってみよう・聞いてみよう」などという意味にもなります。

例 Let's see if **they have a vegetarian menu.**
(ベジタリアンメニューがあるか見てみよう)

例 Let's see if **this medicine works.** (この薬効くかな。様子を見てみよう)

Let's Puzzle!! ピースとピースを組み合わせよう 🔊 130

PIECE 01 **PIECE 32**
Let's see if **they can make it mild .**
(辛い食べ物をマイルドにしてもらえるかお店の人に聞いてみよう)

PIECE 07
Let's see if **the camera is working .**
(カメラがちゃんと動いてるか、見てみよう)

PIECE 10
Let's see if **there is anything good .** (何かいいものがあるかな。見てみよう)

PIECE 14
Let's see if **he ended up winning .** (結局彼が勝ったのかな。見てみよう)

PIECE 33
Let's see if **the photo looks good .** (写真がうまく撮れてるか、見てみよう)

復習ピース ・・

I can 〜：〜できる >> PIECE 01 p.020   **I'm 〜ing**：〜している >> PIECE 07 p.037
There is 〜：〜がある >> PIECE 10 p.044
I ended up 〜ing：結局〜した >> PIECE 14 p.051
It makes A B：AをBにする >> PIECE 32 p.089   **It looks 〜**：〜そう >> PIECE 33 p.090   151

I'm not sure if
〜かどうかわからない

I'm not sure if John is coming.
ジョンが来るのかはわからない。

「〜かな？」「〜かわからない」と確信がない時に使う「I'm not sure」と、「if 〜＝〜かどうか」を組み合わせたフレーズです。

🙂 I'm not sure if **my sentences are correct.**
（自分の文章が合ってるのかどうかわからない）

🙂 I'm not sure if **that's a good idea.**
（それがいいアイディアなのかわからない→賛成していない）

ここでは、自分は賛成できないということを、直接的に That's not a good idea. とは言わず、「ん〜あまりよくないんじゃないかなぁ」とやんわり伝えています。

I'm not sure if 〜は直訳すれば「〜かどうかわからない」となります。不安なこと、気が乗らないこと、不確かなこと……。いろいろな場面で活用できるピースです。また、if が省略されることもあります。

Let's Puzzle!! ピースとピースを組み合わせよう ◀)) 132

I'm not sure if
PIECE 01
I can make it . （都合をつけられるか／行けるかわからない）

I'm not sure if
PIECE 01
I can remember all the words .
（この単語、全部を覚えられるかわからない）

I'm not sure if
PIECE 04
I should go to the training today . I'm a bit tired.
（今日トレーニングに行くべきかわからない。ちょっと疲れてるんだよね）

PIECE 04

I'm not sure if **I should drink protein shakes every day** .

（毎日プロテインドリンクを飲んだほうがいいのかわからない）

PIECE 05

I'm not sure if **she'll say yes** . （彼女、うんって言うかなぁ）

PIECE 05

I'm not sure if **he'll eat it** . （彼がそれを食べるかわからない）

PIECE 07

I'm not sure if **John is coming** . （ジョンが来るかはわからないよ）

PIECE 07

I'm not sure if **it's working** . （それが効いてるのかわからない）

PIECE 08

I'm not sure if **I have to pick up my luggage at Narita airport** .

（成田空港で荷物を拾わなきゃいけないのかはわからない）

PIECE 10

I'm not sure if **there is a change machine there** .

（そこに両替機があるかわからない）

PIECE 26

I'm not sure if **he has seen this movie** .

（彼、この映画見たことがあるかな。わかんないや。）

PIECE 29

I'm not sure if **I should've waited longer** . **The noodles are a bit hard.** （もう少し待ったほうが良かったのかな。麺がちょっと硬い）

PIECE 33

I'm not sure if **it looks OK** . （見た目、大丈夫かな）

PIECE 33

I'm not sure if **it sounds natural to native speakers** .

（それがネイティブに自然に聞こえるかどうかがわからないんだ）

復習ピース

I can ～：～できる >> PIECE 01 p.020
I should ～：～したほうがいい >> PIECE 04 p.028
I will ～：～だろう >> PIECE 05 p.031
I'm ～ing：～している／～する予定 >> PIECE 07 p.037
I have to ～：～しなきゃ >> PIECE 08 p.040   There is ～：～がある >> PIECE 10 p.044
I've ～：～したことがある >> PIECE 26 p.075
I should have ～：～すればよかった >> PIECE 29 p.083
It looks ～：～に見える >> PIECE 33 p.090   It sounds ～：～に聞こえる >> PIECE 33 p.090

Please don't tell me

まさか〜じゃないよね

Please don't tell me **it's raining.**

まさか雨降ってないよね。

「え。まさか〜じゃないよね」という状況の時は、Please don't tell me 〜で文章を始められます。直訳すると「頼むから〜と言わないで」と相手に頼んでいるように聞こえますが、主に独り言として使われます。

🔊 Please don't tell me **I left my keys in the car.**
（まさか鍵を車の中に置き忘れてないよね）

🔊 Please don't tell me **they just closed.**
（まさか今ちょうどお店が閉まっちゃった？）

please を省略して、Don't tell me で始めることもできます。

🔊 Don't tell me **the email wasn't sent.** （まさか、メールが送信できてなかったのかな）

🔊 Don't tell me **I lost the ticket.** （まさかチケット無くしてないよね）

 Let's Puzzle!! ピースとピースを組み合わせよう 🔊 134

Please don't tell me PIECE 01 **he can't come today** .
（まさか今日彼来られないんじゃないよね）

Please don't tell me PIECE 07 **it's raining** . （まさか雨降ってないよね）

Please don't tell me PIECE 07 **you're texting during class** .
（まさか授業中にメッセージしてないよね？）

Please don't tell me PIECE 08 **I have to update it again** .
（まさかまたアップデートしなきゃいけないの……）

Please don't tell me **PIECE 08** **I have to start all over again** .

（まさか最初からやり直さなきゃいけないの……）

Please don't tell me **PIECE 10** **there's no bathroom here** .

（まさかここにトイレがないなんてことはないよね）

Please don't tell me **PIECE 12** **I forgot to send him an email** .

（まさか私、彼にメールし忘れたのかな）

Please don't tell me **PIECE 12** **they forgot to put in chopsticks** .

（まさか店員さん、お箸を入れるの忘れてないよね）

Please don't tell me **PIECE 22** **I was supposed to freeze it** .

（まさか冷凍しなきゃいけなかった？）

Please don't tell me **PIECE 22** **I wasn't supposed to add milk** .

（まさか牛乳を加えちゃいけなかった？）

Please don't tell me **PIECE 28** **the clothes haven't dried yet** .

（まさかまだ服が乾いてない？）

Please don't tell me **PIECE 28** **the battery has died already** .

（まさかもう電池が切れたのかな？）

復習ピース ....

I can ～：～できる >> PIECE 01 p.020　　I'm ～ing：～している >> PIECE 07 p.037

I have to ～：～しなきゃ >> PIECE 08 p.040　　There is ～：～がある >> PIECE 10 p.044

I forgot to ～：～し忘れた >> PIECE 12 p.048

I was supposed to ～：～することになってた >> PIECE 22 p.067

I've ～ already：もう～した >> PIECE 28 p.080

I haven't ～ yet：まだ～してない >> PIECE 28 p.080

Is it just me, or ?

～と思うのは私だけ？

> ### Is it just me or **are you getting hungry too?**
> お腹がすいてきたの、私だけ？

🔊 Is it just me, or **is it hot in here?** (ここが暑いと思うのは私だけ？)

直訳すると「私だけですか？ それともここが暑いのですか？」となりますが、「ここが暑いと思うのは私だけ？」と言っています。つまり Is it just me or ～？で、「～と思うのは私だけ？」という文を作れるんです。

🔊 Is it just me, or **did the layout change?** (レイアウトが変わったと思うの私だけ？)

Let's Puzzle!! ピースとピースを組み合わせよう 🔊 136

Is it just me, or PIECE 01 **can you hear the noise too ?**

（音が聞こえるの、私だけ？＝あなたも聞こえる？）

Is it just me, or PIECE 07 **are you getting hungry too ?**

（お腹がすいてきたの、私だけ？＝あなたもお腹すいてきた？）

Is it just me, or PIECE 31 **does this remind you of Finding Nemo ?**

（これを見ると『ファインディング・ニモ』を思い出すの、私だけ？）

Is it just me, or PIECE 33 **does the statue look a bit strange ?**

（あの像、ちょっと変に見えるの私だけ？）

復習ピース

I can ～：～できる >> PIECE 01 p.020   **I'm ～ing：**～している >> PIECE 07 p.037
It reminds me of ～：（それを見ると）～を思い出す >> PIECE 31 p.088
It looks ～：～に見える >> PIECE 33 p.090

It's not like

～っていうわけじゃない

> ## It's not like **I have to get it done today.**
> 今日終わらせなきゃいけないっていうわけじゃないんだけどね。

「～じゃない」と固く否定するのではなく、「～というわけじゃない」とやんわりと否定したい時には It's not like ～が使えます。

🔊 It's not like **I'm sick or anything.** (風邪とかそういうのじゃないんです)

🔊 It's not like **I know her well.** (彼女をよく知ってるわけじゃないの)

🔊 It's not like **I'm in a rush.** (急いでるっていうわけじゃないんだ)
　　※be in a rush：急いでいる

 Let's Puzzle!! ピースとピースを組み合わせよう 🔊 138

PIECE 01
It's not like **I can see him every day** .
(彼に毎日会えるっていうわけじゃないよ)

PIECE 01
It's not like **we can control the weather** .
(天気をコントロールできるわけじゃないからね)

PIECE 07
It's not like **I'm carrying it all day** . (一日中それを持ち歩いてるわけじゃないよ)

PIECE 07
It's not like **I'm going away for good** .
(別に私、永遠にいなくなるわけじゃないんだから)
※for good：永遠に

PIECE 07
It's not like **I was watching the TV show** .
(このテレビ番組を見てたわけじゃないから)

PIECE 07

It's not like **I was ignoring her messages** .

（彼女のメッセージを無視してたわけじゃないんだ）

PIECE 08

It's not like **I have to get it done today** .

（今日終わらせなきゃいけないっていうわけじゃないんだけどね）

PIECE 08

It's not like **you have to wear them every night** .

（毎晩それを着けなきゃいけないってわけじゃないよ）

PIECE 10

It's not like **there is a sale every month** .

（セールが毎月あるってわけじゃないんだ）

PIECE 26

It's not like **I've done it many times** .

（何回もやったことがあるっていうわけではないんです）

PIECE 28 **PIECE 13**

It's not like **I've decided to do it** . （まだやるって決めたわけじゃないの）

復習ピース

I can 〜：〜できる >> PIECE 01　p.020
I'm 〜ing：〜している／する予定 >> PIECE 07　p.037
I have to 〜：〜しなきゃ >> PIECE 08　p.040　　　There is 〜：〜がある >> PIECE 10　p.044
I decided to 〜：〜することにした >> PIECE 13　p.050
I've 〜：〜したことがある >> PIECE 26　p.075　　　I've 〜：もう〜した >> PIECE 28　p.080

もっと知りたい　It's not like 〜, but 〜

日本語と同様に「〜っていうわけではないけど、…だ」と、but を使って
後ろにもう1つ文章を繋げるパターンの時もよくあります。

It's not like **I can speak Korean fluently**, but **I know some basic words.**

（韓国語を流暢に話せるってわけではないけど、基礎的な言葉なら知ってる）

It's not like **I can't see you**, but **it's blurry.**

（あなたの顔が見えないわけじゃないんだけど、画面がぼやけてる）

They said (that)

〜って言ってた

> **They said there is dessert.**
> デザートがあるって言ってたよ。

「誰かが〜と言っていた」という表現は、ぱっと言えると楽ですね。

🧩 He said **it's ok to make mistakes.** (ミスをしても大丈夫と彼は言ってた)

🧩 He said **it's ok to take notes.** (ノートを取っても大丈夫と彼は言ってた)

 Let's Puzzle!! ピースとピースを組み合わせよう 🔊 140

My doctor said ▸ PIECE 04 **I should stay home for another 2 days .**

(お医者さんは、あと2日家にいたほうがいいって言ってた)

※another 〜：あと〜

Our teacher said ▸ PIECE 04 **we should write a journal in English .**

(先生は、英語で日記を書いたらいいと言ってた)

They said ▸ PIECE 10 **there is dessert .** (デザートがあるって言ってたよ)

He said ▸ PIECE 21 **he's going to come to the event .** (彼はイベントに来ると言ってた)

上の文章は、これからイベントがある場合の表現です。ここでは「is going to」の形になっています。

それに対して例えば、彼は「イベントに来る」と言っていたけど実際には来なかった場合や、まだイベントの最中でこれから来るかどうかわからない場合には be 動詞を過去形にした「was going to」の形になります。

PIECE 21

He said **he was going to come to the event .**

(〔イベント後なら〕来るって言ってたけど来なかった)

(〔イベント中なら〕あれ、来るって言ってたのにまだ来ないなぁ)

PIECE 22

They said **I was supposed to send the documents in advance .**

(本当はあらかじめ書類を送らないといけなかったと言われた)

PIECE 22

They said **I was supposed to pay the deposit by last Friday .**

(本当は先週の金曜までにデポジットを入金しないといけなかったと言われた)

PIECE 32

They said **the sauce makes it sour .**

(このソースをかけると酸っぱくなるって言ってたよ)

PIECE 32

They said **the sake makes the meat tender .**

(お酒はお肉を柔らかくするって言ってたよ)

> **復習ピース** ⋯⋯⋯⋯⋯⋯⋯⋯⋯⋯⋯⋯⋯⋯⋯⋯⋯⋯⋯⋯⋯⋯⋯⋯⋯⋯⋯⋯⋯⋯⋯⋯⋯⋯⋯
>
> **I should ～**：～したほうがいい >> PIECE 04 p.028
> **There is ～**：～がある >> PIECE 10 p.044
> **I'm going to ～**：～するつもり >> PIECE 21 p.065
> **I was supposed to ～**：～することになってた >> PIECE 22 p.067
> **It makes A B**：AをBにする >> PIECE 32 p.089

もっと知りたい 習慣的に言われていることは現在形

過去に1回だけ言われたことでなく、常に／習慣的に言われていること
は She says ～のように現在形であらわします。

例 **My daughter says I should get a haircut.** (娘は私が髪を切ったほうがいいと言う)

例 **My uncle says I should study abroad.** (叔父は私が海外留学したほうがいいと言う)

もっと知りたい 世間一般に言われていること

世間一般に言われていることは They say ～であらわします。

例 **They say there are 16 personality types.**
(16の性格タイプがあるって言われてるよね)

例 **They say berries are good for your eyes.** (ベリーは目にいいって言うよね)

実践編

穴埋め問題に
挑戦！

CHAPTER 1、2 でたくさんのパズルピースを学びましたね。ここまで継続して取り組んでくださったみなさん、本当に素晴らしいです。おつかれさまでした！

　日常英会話で使われるたくさんのフレーズをカバーすることができたので、聞いた時や読んだ時に理解できる幅は確実に広がったと思います。ですが、一度覚えても、しばらく経つと忘れてしまいますよね……。そして、「学んだフレーズを自分で使えるかどうか？」も、まだ怪しいはずです。

　ここからは復習の時間です。CHAPTER 1、2 に付属する音源のリピート練習を行っていただくことで、さらなる定着に繋げていっていただきたいです。ただ、復習をするだけでは「どのくらいフレーズが身についているか？」がわかりづらいかと思います。そこで今回、みなさんの定着をヘルプするために、おまけで CHAPTER 3 を作成しました！

　CHAPTER 3 では、これまで出てきたピースを思い出していただくために、穴埋め問題を 139 個用意しました。右ページに問題を載せ、めくった左ページに答えを載せています。

　すぐにトライをされても、もう一度 CHAPTER 1、2 を復習されてからトライされても、どちらでも大丈夫です。みなさんのペースで取り組んでみてください。

1 サイトで結果を確認できるよ。
____ ____ check the result on the website.

2 そういえばこのキーホルダー、昔集めてたよね。
I _____ we _____ collect these key chains.

3 早くチェックインできるか聞いてみよう。
L___ s___ ___ we ____ check in early.

4 今ちょうど家を出るところ。
I'm _____ ___ leave home.

5 車を洗わなきゃ。
I _____ ___ wash my car.

6 本当は新宿駅で降りなきゃいけなかったのに、寝過ごした。
I ____ _____ ___ get off at Shinjuku station, but
I fell asleep and missed it.

7 まさか、もうセール終わってないよね？
_____ _____ ___ ___ the sale ___ ended already.

1　You can check the result on the website.

サイトで結果を確認できるよ。

>> PIECE 01　020ページ

2　I remember we used to collect these key chains.

そういえばこのキーホルダー、昔集めてたよね。

>> PIECE 42　112ページ
>> PIECE 16　055ページ

3　Let's see if we can check in early.

早くチェックインできるか聞いてみよう。

>> PIECE 65　151ページ
>> PIECE 01　020ページ

4　I'm about to leave home.

今ちょうど家を出るところ。

>> PIECE 23　069ページ

5　I have to wash my car.

車を洗わなきゃ。

>> PIECE 08　040ページ

6　I was supposed to get off at Shinjuku station, but I fell asleep and missed it.

本当は新宿駅で降りなきゃいけなかったのに、寝過ごした。

>> PIECE 22　067ページ

7　Please don't tell me the sale has ended already.

まさか、もうセール終わってないよね？

>> PIECE 67　154ページ
>> PIECE 28　080ページ

8 もっと時間をうまく管理できるってことはわかってる。

I _____ that I ___ manage my time better.

※ manage 〜：〜を管理する

9 電気、消し忘れないでね。

_____ _____ __ turn off the lights.

10 彼に会えるのが楽しみ。

I'm _____ __ see him.

11 今夜は夕飯を作らなくていい。

I _____ _____ __ cook dinner tonight.

12 こんなに寒くなると知ってたら、ニット帽を持ってきたのに。

If I had known that it would be this cold, I _____ _____ brought my beanie.

13 ここにアイスクリーム屋さんがあったなんて知らなかった。

I _____ _____ that _____ _____ an ice cream shop here.

14 なんでこのコースを受けることにしたのかわからない。

I _____ _____ _____ I _____ __ take this course.

8 **I know that I can manage my time better.**

もっと時間をうまく管理できるってことはわかってる。 >> PIECE 44 116ページ

※manage 〜：〜を管理する >> PIECE 01 020ページ

9 **Don't forget to turn off the lights.**

電気、消し忘れないでね。 >> PIECE 12 048ページ

10 **I'm excited to see him.**

彼に会えるのが楽しみ。 >> PIECE 18 059ページ

11 **I don't have to cook dinner tonight.**

今夜は夕飯を作らなくていい。 >> PIECE 08 040ページ

12 **If I had known that it would be this cold, I would have brought my beanie.**

こんなに寒くなると知ってたら、ニット帽を持ってきた >> PIECE 29 083ページ
のに。

13 **I didn't know that there was an ice cream shop here.**

ここにアイスクリーム屋さんがあったなんて知らなかっ >> PIECE 45 118ページ
た。 >> PIECE 10 044ページ

14 **I don't know why I decided to take this course.**

なんでこのコースを受けることにしたのかわからない。 >> PIECE 57 138ページ
>> PIECE 13 050ページ

15 （今、）エッセイを書いてるんだ。
___ _____ an essay.

16 もうお店は開いてるはず。
The store _____ ___ open by now.

17 そこに着いたら知らせるね。
I'll ____ ____ _____ when I get there.

18 お化けがいるかも。
_____ _____ ___ ghosts.

19 私が間違ってるってこともありえる。
I _____ ___ wrong.

20 私は、あ〜、誰にも言っちゃいけないことになってる、って感じだった。
_ ___ ___, um... I'm ____ _____ ___ tell anybody.

21 結局この色を選んでラッキーだった。
I'm _____ I _____ ___ choosing this color.

15 **I'm writing an essay.**

（今、）エッセイを書いてるんだ。

>> PIECE 07 037ページ

16 **The store should be open by now.**

もうお店は開いてるはず。

>> PIECE 34 092ページ

17 **I'll let you know when I get there.**

そこに着いたら知らせるね。

>> PIECE 11 046ページ

18 **There might/may be ghosts.**

お化けがいるかも。

>> PIECE 10 044ページ

19 **I could be wrong.**

私が間違ってるってこともありえる。

>> PIECE 34 092ページ

20 **I was like, um... I'm not supposed to tell anybody.**

私は、あ〜、誰にも言っちゃいけないことになってる、
って感じだった。

>> PIECE 61 144ページ
>> PIECE 22 067ページ

21 **I'm lucky I ended up choosing this color.**

結局この色を選んでラッキーだった。

>> PIECE 47 122ページ
>> PIECE 14 051ページ

22 ボタンを押し忘れたかと思った。

I _____ I _____ __ press the button.

23 この後サッカーをするのもいいかもね。

___ c _____ play soccer after this.

24 明日届くといいな。

I _____ it ___ arrive tomorrow.

25 バイワンゲットワン。つまり、1つ買うともう1つ無料でもらえるってことだよ。

Buy-one-get-one. _____ _____ if you buy one, _____ _____ get another one for free.

26 看板があるから、きっと見つけられるよ。

_____ __ a sign, so ___ _____ you can find it.

27 中に入れるかもしれないよ。

We _____ __ _____ __ get in.

28 今日は筋トレの気分じゃないんだ。

I _____ _____ _____ working out today.

※work out：筋トレ／運動をする

22 **I thought I forgot to press the button.**

ボタンを押し忘れたかと思った。

>> PIECE 39　106ページ
>> PIECE 12　048ページ

23 **We could play soccer after this.**

この後サッカーをするのもいいかもね。

>> PIECE 03　026ページ

24 **I hope it will arrive tomorrow.**

明日届くといいな。

>> PIECE 35　100ページ
>> PIECE 05　031ページ

25 **Buy-one-get-one. That means if you buy one, you can get another one for free.**

バイワンゲットワン。つまり、1つ買うともう1つ無料でもらえるってことだよ。

>> PIECE 55　135ページ
>> PIECE 01　020ページ

26 **There is a sign, so I'm sure you can find it.**

看板があるから、きっと見つけられるよ。

>> PIECE 10　044ページ
>> PIECE 49　124ページ

27 **We might/may be able to get in.**

中に入れるかもしれないよ。

>> PIECE 25　073ページ

28 **I don't feel like working out today.**

今日は筋トレの気分じゃないんだ。

>> PIECE 17　057ページ

※ work out：筋トレ／運動をする

29 ストレスを感じている時は、つい考えすぎてしまう。

I ＿＿＿ ＿ overthink when I'm stressed.

30 捨てなきゃいけないかも。

I ＿＿＿ ＿＿＿ ＿ throw it away.

31 ジェームス、最近新しい仕事を探してるじゃん?

Y＿＿ ＿＿＿＿ ＿＿＿ James ＿＿ ＿＿＿ looking for a new job?

32 もっと食べられるといえば食べられるよ。

＿ ＿＿＿ eat more.

33 彼はもうすぐ家に帰ってくるはず。

＿＿ ＿＿＿＿ come home soon.

34 全部のイベントに参加しなきゃいけないってわけじゃないよ。

＿＿ ＿＿ ＿＿ you ＿＿＿ ＿＿ attend every event.

35 スキーに行ったことがないんだ。

＿＿ n＿＿＿ gone skiing.

29 **I tend to overthink when I'm stressed.**

ストレスを感じている時は、つい考えすぎてしまう。 >> PIECE 15 053ページ

30 **I might/may have to throw it away.**

捨てなきゃいけないかも。 >> PIECE 09 042ページ

31 **You know how James has been looking for a new job?**

ジェームス、最近新しい仕事を探してるじゃん？ >> PIECE 58 140ページ
>> PIECE 27 078ページ

32 **I could eat more.**

もっと食べられるといえば食べられるよ。 >> PIECE 03 026ページ

33 **He should come home soon.**

彼はもうすぐ家に帰ってくるはず。 >> PIECE 04 028ページ

34 **It's not like you have to attend every event.**

全部のイベントに参加しなきゃいけないってわけじゃないよ。 >> PIECE 69 157ページ
>> PIECE 08 040ページ

35 **I've never gone skiing.**

スキーに行ったことがないんだ。 >> PIECE 26 075ページ

36 （もしそうしたら）彼は喜ぶだろうと思う。

___ _____ be happy.

37 彼、テディーベアみたい。

He _____ ___ a teddy bear.

38 くしゃみが出るところだった。

I w___ _____ ___ sneeze.

※sneeze：くしゃみをする

39 この辺にいいカフェある?

___ _____ any good cafes around here?

40 最後に質問できるよ／質問する機会があるよ。

We ___ ___ ask questions at the end.

41 最近あまり勉強してないんだ。

I _____ b____ _____ much lately.

42 昔幼稚園に勤めてたから、子どもには慣れてる。

_ _____ ___ work at a kindergarten so ___ _____ ___ children.

36 **He would be happy.**

（もしそうしたら）彼は喜ぶだろうと思う。

>> PIECE 06 033ページ

37 **He looks like a teddy bear.**

彼、テディーベアみたい。

>> PIECE 33 090ページ

38 **I was about to sneeze.**

くしゃみが出るところだった。

>> PIECE 23 069ページ

※ sneeze：くしゃみをする

39 **Are there any good cafes around here?**

この辺にいいカフェある？

>> PIECE 10 044ページ

40 **We get to ask questions at the end.**

最後に質問できるよ／質問する機会があるよ。

>> PIECE 02 023ページ

41 **I haven't been studying much lately.**

最近あまり勉強してないんだ。

>> PIECE 27 078ページ

42 **I used to work at a kindergarten so I'm used to children.**

昔幼稚園に勤めてたから、子どもには慣れてる。

>> PIECE 16 055ページ
>> PIECE 20 063ページ

43 あのお店を見ると、ニュージーランドを思い出す。

That store _____ ___ __ New Zealand.

44 仕事で福岡に行くって話したっけ?

___ _ ___ ___ that I'm _____ to Fukuoka for work?

45 近くにコインランドリーがあるよ。

_____ __ a laundromat nearby.

46 イギリスに行ったことあるよ。

___ _____ to the UK.

47 トッピングを選べるのがいいよね。

_ ___ ____ we _____ pick the toppings.

48 ココアにしようかな。

_ _____ get a cocoa.

49 カメラに向かって話すの慣れてる。

I'm _____ __ t_____ to the camera.

43 **That store reminds me of New Zealand.**

あのお店を見ると、ニュージーランドを思い出す。 　　>> PIECE 31 088ページ

44 **Did I tell you that I'm going to Fukuoka for work?**

仕事で福岡に行くって話したっけ？ 　　>> PIECE 46 120ページ
　　>> PIECE 07 037ページ

45 **There is a laundromat nearby.**

近くにコインランドリーがあるよ。 　　>> PIECE 10 044ページ

46 **I've been to the UK.**

イギリスに行ったことあるよ。 　　>> PIECE 26 075ページ

47 **I like how we can pick the toppings.**

トッピングを選べるのがいいよね。 　　>> PIECE 60 143ページ
　　>> PIECE 01 020ページ

48 **I might get a cocoa.**

ココアにしようかな。 　　>> PIECE 09 042ページ

49 **I'm used to talking to the camera.**

カメラに向かって話すの慣れてる。 　　>> PIECE 20 063ページ

50 今、駅まで歩いてる。

___ _____ to the station.

51 彼女が賛成するだろうとは思わなかった。

I _____ _____ she _____ agree with it.

52 お会いできるのを楽しみにしています。

I'm _____ _____ __ seeing you.

53 今夜、パスタを作るんだ。

I'm _____ pasta tonight.

54 今日、会議を進行することになってる。

I'm s_____ __ run a meeting today.

※run 〜：〜を進める／運営する

55 髪を染めないことにした。

I _____ ___ __ dye my hair.

56 私、料理する時、口笛を吹きがちだなってことに気づいた。

I _____ that I _____ __ whistle when I cook.

※whistle：口笛を吹く

50 I'm walking to the station.

今、駅まで歩いてる。 >> PIECE 07 037ページ

51 I didn't think she would agree with it.

彼女が賛成するだろうとは思わなかった。 >> PIECE 39 106ページ
>> PIECE 06 033ページ

52 I'm looking forward to seeing you.

お会いできるのを楽しみにしています。 >> PIECE 18 059ページ

53 I'm making pasta tonight.

今夜、パスタを作るんだ。 >> PIECE 07 037ページ

54 I'm supposed to run a meeting today.

今日、会議を進行することになってる。 >> PIECE 22 067ページ
※run ～：～を進める／運営する

55 I decided not to dye my hair.

髪を染めないことにした。 >> PIECE 13 050ページ

56 I realized that I tend to whistle when I cook.

私、料理する時、口笛を吹きがちだなってことに気づい >> PIECE 41 110ページ
た。 >> PIECE 15 053ページ
※whistle：口笛を吹く

57 冷蔵庫に牛乳を戻すの、忘れた。
I _____ ___ put the milk back in the fridge.
※ put ～ back in …：～を…に戻す

58 まだスーツケースのパッキングをしてない。
I _____ packed my suitcase ___.

59 一日中ずっとこの曲を聞いてる。
___ _____ _____ to this song all day.

60 前は（このお店に）食べ放題があった。
_____ _____ ___ have a buffet.

61 あのお店は3時に開くだろう。
The store ____ open at 3.

62 結局またフィッシュアンドチップスを頼んだ。
I _____ ___ ordering fish and chips again.

63 台所を掃除したい気分だ。
I ____ ____ _____ the kitchen.

57 **I forgot to put the milk back in the fridge.**

冷蔵庫に牛乳を戻すの、忘れた。　　　　　　>> PIECE 12 048ページ

※ put ～ back in … : ～を…に戻す

58 **I haven't packed my suitcase yet.**

まだスーツケースのパッキングをしてない。　　>> PIECE 28 080ページ

59 **I've been listening to this song all day.**

一日中ずっとこの曲を聞いてる。　　　　　　>> PIECE 27 078ページ

60 **They used to have a buffet.**

前は（このお店に）食べ放題があった。　　　>> PIECE 16 055ページ

61 **The store will open at 3.**

あのお店は3時に開くだろう。　　　　　　　>> PIECE 05 031ページ

62 **I ended up ordering fish and chips again.**

結局またフィッシュアンドチップスを頼んだ。　>> PIECE 14 051ページ

63 **I feel like cleaning the kitchen.**

台所を掃除したい気分だ。　　　　　　　　　>> PIECE 17 057ページ

64 フライドポテトが食べたい気分だ。

I ＿＿ ＿＿ French fries.

65 日曜に働かなきゃいけない時もある。

＿＿＿＿＿＿＿＿ I ＿＿＿ ＿ work on Sunday.

66 台風が来てるって聞いた?

＿＿ ＿＿ ＿＿＿ that a typhoon ＿ coming?

67 この車に慣れてきてる気がする。

I ＿＿ ＿＿ I'm getting ＿＿＿＿ ＿ this car.

68 夕方寒くなることもありえるよ。

＿ ＿＿＿＿ get cold in the evening.

69 サラダを作るつもりだった。

I ＿＿＿ g＿＿＿＿ ＿ make a salad.

70 彼ら、食べる準備ができたみたいだね。

＿ ＿＿＿＿＿ ＿＿ they're ＿＿＿＿ ＿ eat.

64 I feel like French fries.
フライドポテトが食べたい気分だ。

>> PIECE 17 057ページ

65 Sometimes I have to work on Sunday.
日曜に働かなきゃいけない時もある。

>> PIECE 51 128ページ
>> PIECE 08 040ページ

66 Did you hear that a typhoon is coming?
台風が来てるって聞いた？

>> PIECE 40 108ページ
>> PIECE 07 037ページ

67 I feel like I'm getting used to this car.
この車に慣れてきてる気がする。

>> PIECE 37 102ページ
>> PIECE 20 063ページ

68 It could get cold in the evening.
夕方寒くなることもありえるよ。

>> PIECE 03 026ページ

69 I was going to make a salad.
サラダを作るつもりだった。

>> PIECE 21 065ページ

70 It seems/looks like they're ready to eat.
彼ら、食べる準備ができたみたいだね。

>> PIECE 63 147ページ
>> PIECE 19 061ページ

71 今日は暑くなるな。

It's _____ __ be hot today.

72 たぶん本当はパン粉を加えなきゃいけないんだろうけど。

I g____ I'm _____ __ add bread crumbs.

73 9時までにはそこに着けるはず。

I _____ __ ____ __ get there by 9.

74 彼女と前に会ったことあるかも。

I _____ _____ seen her before.

75 彼女（犬）はチキンっていう言葉を聞くと興奮する。

She g____ e_____ when she hears the word "chicken".

76 写真を投稿することになってたの、忘れてた。

I _____ that I was s_____ __ upload photos.

77 試験の準備ができている。

I'm _____ __ the exam.

71 **It's going to be hot today.**
今日は暑くなるな。　　　　　　　　　　>> PIECE 21 065ページ

72 **I guess I'm supposed to add bread crumbs.**
たぶん本当はパン粉を加えなきゃいけないんだろうけ　>> PIECE 53 131ページ
ど。　　　　　　　　　　　　　　　　　　>> PIECE 22 067ページ

73 **I should be able to get there by 9.**
9時までにはそこに着けるはず。　　　　　　>> PIECE 25 073ページ

74 **I might/may have seen her before.**
彼女と前に会ったことあるかも。　　　　　　>> PIECE 29 083ページ

75 **She gets excited when she hears the word "chicken".**
彼女（犬）はチキンっていう言葉を聞くと興奮する。　>> PIECE 18 059ページ

76 **I forgot that I was supposed to upload photos.**
写真を投稿することになってたの、忘れてた。　>> PIECE 43 114ページ
　　　　　　　　　　　　　　　　　　　　>> PIECE 22 067ページ

77 **I'm ready for the exam.**
試験の準備ができている。　　　　　　　　　>> PIECE 19 061ページ

78 白い靴を履いてなかっただけよかった。

__ _____ I _____ wearing white shoes.

79 お互いのことをもっと知ることができてよかった。

I'm ____ we ___ __ know each other more.

80 冷凍庫に入れておけばよかった。

I _____ _____ put it in the freezer.

81 東京まで飛行機で3時間かかる。

__ _____ 3 hours __ fly to Tokyo.

82 お酢を入れなきゃよかった。

I _____ _____ added vinegar.

83 10分から15分置きにバスがあるはず。

_____ _____ __ buses every 10 to 15 minutes.

84 カバンの中にあるかもよ。

It _____ __ in your bag.

78 **At least I wasn't wearing white shoes.**

白い靴を履いてなかっただけよかった。

>> PIECE 62　146ページ
>> PIECE 07　037ページ

79 **I'm glad we got to know each other more.**

お互いのことをもっと知ることができてよかった。

>> PIECE 36　101ページ
>> PIECE 02　023ページ

80 **I should have put it in the freezer.**

冷凍庫に入れておけばよかった。

>> PIECE 29　083ページ

81 **It takes 3 hours to fly to Tokyo.**

東京まで飛行機で3時間かかる。

>> PIECE 30　086ページ

82 **I shouldn't have added vinegar.**

お酢を入れなきゃよかった。

>> PIECE 29　083ページ

83 **There should be buses every 10 to 15 minutes.**

10分から15分置きにバスがあるはず。

>> PIECE 10　044ページ

84 **It might/may be in your bag.**

カバンの中にあるかもよ。

>> PIECE 34　092ページ

85 もうステーキひっくり返したよ。

___ flipped the steak _____.

※ flip 〜：〜をひっくり返す

86 電話して聞いたほうがいいかもね。

_____ we _____ call and ask.

87 もう一度確認させてください。

___ ___ double-check.

88 明日が楽しみ。

I'm _____ ___ tomorrow.

89 50%くらい理解ができた。

I ___ ___ to understand around 50%.

90 昔はアメリカに住んでた。

I _____ ___ live in the US.

91 ちゃんと全部荷物を詰めなきゃ。

I _____ ___ _____ ___ I pack everything.

85 ▷ I've flipped the steak already.

もうステーキひっくり返したよ。 >> PIECE 28 080ページ

※flip ～：～をひっくり返す

86 ▷ Maybe we should call and ask.

電話して聞いたほうがいいかもね。 >> PIECE 04 028ページ

87 ▷ Let me double-check.

もう一度確認させてください。 >> PIECE 11 046ページ

88 ▷ I'm excited for tomorrow.

明日が楽しみ。 >> PIECE 18 059ページ

89 ▷ I was able to understand around 50%.

50%くらい理解ができた。 >> PIECE 02 023ページ

90 ▷ I used to live in the US.

昔はアメリカに住んでた。 >> PIECE 16 055ページ

91 ▷ I have to make sure I pack everything.

ちゃんと全部荷物を詰めなきゃ。 >> PIECE 08 040ページ

>> PIECE 50 126ページ

92 コーヒーはいかがですか?
_____ you ___ some coffee?

93 色はもう決めた?
_____ ____ decided on a color?

94 下書きを保存したほうがいいな。
I _____ save the drafts.

95 私を待たなくてもいいよ。
____ don't _____ __ wait for me.
※ wait for 〜:〜を待つ

96 私は英語の発音を学ぶのに数年かかった。
It _____ me a few years __ learn English pronunciation.

97 荷造りをする準備ができている。
I'm _____ __ start packing.

98 仕事終わりによくここに来てたの覚えてる?
_____ ____ we _____ __ come here after work?

92 **Would you like some coffee?**

コーヒーはいかがですか？

>> PIECE 06 033ページ

93 **Have you decided on a color?**

色はもう決めた？

>> PIECE 28 080ページ

94 **I should save the drafts.**

下書きを保存したほうがいいな。

>> PIECE 04 028ページ

95 **You don't have to wait for me.**

私を待たなくてもいいよ。

>> PIECE 08 040ページ

※wait for 〜：〜を待つ

96 **It took me a few years to learn English pronunciation.**

私は英語の発音を学ぶのに数年かかった。

>> PIECE 30 086ページ

97 **I'm ready to start packing.**

荷造りをする準備ができている。

>> PIECE 19 061ページ

98 **Remember how we used to come here after work?**

仕事終わりによくここに来てたの覚えてる？

>> PIECE 59 142ページ
>> PIECE 16 055ページ

99 あのハンバーガー美味しそう。

The burger _____ good.

100 もう少しで頭を打つところだった。

I _____ bumped my head.

※bump ～：～を打つ／ぶつける

101 彼女が明日1歳になるなんて信じられないや。

I _____ _____ she __ turning one tomorrow.

※turn ～：～歳になる

102 彼、インドに行ったことがあると思うよ。

I _____ he ____ _____ to India before.

103 お昼ご飯、できたよ。

Lunch __ _____.

104 アメリカのアクセントに慣れてる。

I'm _____ __ American accents.

105 あの料理番組を見たらお腹がすいた。

The cooking show m_____ ___ _____.

99 **The burger looks good.**

あのハンバーガー美味しそう。 　　　　　　　　　>> PIECE 33　090ページ

100 **I almost/nearly bumped my head.**

もう少しで頭を打つところだった。 　　　　　　　>> PIECE 24　071ページ
※bump ～：～を打つ／ぶつける

101 **I can't believe she is turning one tomorrow.**

彼女が明日1歳になるなんて信じられないや。 　　>> PIECE 52　130ページ
※turn ～：～歳になる 　　　　　　　　　　　　>> PIECE 07　037ページ

102 **I think he has been to India before.**

彼、インドに行ったことがあると思うよ。 　　　　>> PIECE 38　104ページ
　　　　　　　　　　　　　　　　　　　　　　　　>> PIECE 26　075ページ

103 **Lunch is ready.**

お昼ご飯、できたよ。 　　　　　　　　　　　　　>> PIECE 19　061ページ

104 **I'm used to American accents.**

アメリカのアクセントに慣れてる。 　　　　　　　>> PIECE 20　063ページ

105 **The cooking show made me hungry.**

あの料理番組を見たらお腹がすいた。 　　　　　　>> PIECE 32　089ページ

106 いつも彼らに挨拶するよ。

I _____ say hi to them.

※ say hi to 〜：〜に挨拶をする

107 上の階にスパがあるって書いてある。

It _____ _____ _ a spa upstairs.

108 彼がチケットをなくさないか心配だ。

I'm _____ that he m_____ lose his ticket.

109 数週間かかっても大丈夫？

__ __ __ __ it _____ a few weeks?

110 時差に慣れてきてる。

I'm g_____ _____ _ the time difference.

111 運動をしたから、今夜はよく眠れるだろう。

I exercised, so I'll __ _____ _ sleep well tonight.

112 そのクリームブリュレ、絶対食べてみようね！

We _____ _____ try the creme brulee.

106 I **always** say hi to them.
いつも彼らに挨拶するよ。 >> PIECE 15 053ページ
※ say hi to 〜：〜に挨拶をする

107 It **says there is** a spa upstairs.
上の階にスパがあるって書いてある。
>> PIECE 54 133ページ
>> PIECE 10 044ページ

108 I'm **worried** that he **might** lose his ticket.
彼がチケットをなくさないか心配だ。
>> PIECE 48 123ページ
>> PIECE 09 042ページ

109 **Is it OK if** it **takes** a few weeks?
数週間かかっても大丈夫？
>> PIECE 56 137ページ
>> PIECE 30 086ページ

110 I'm **getting used to** the time difference.
時差に慣れてきてる。 >> PIECE 20 063ページ

111 I exercised, so I'll **be able to** sleep well tonight.
運動をしたから、今夜はよく眠れるだろう。 >> PIECE 25 073ページ

112 We **should definitely** try the creme brulee.
そのクリームブリュレ、絶対食べてみようね！ >> PIECE 04 028ページ

113 （オンライン会議などで）あなたの顔がはっきり見えます。

_ _____ **see you clearly.**

114 それは腹痛を引き起こすかもしれないらしい。

I _____ _____ it _____ **cause a stomachaches.**

※cause 〜：〜を引き起こす

115 この間ヴィヴィアンと話せた／話す機会があった。

I ____ __ **talk to Vivian the other day.**

※the other day：この間

116 結局彼女はその仕事を受けたのかな。

_ _____ __ **she** _____ ___ **taking the job.**

117 6時に起きられなかった。

_ _____ **wake up at 6.**

118 私、手伝えたのに。

I _____ _____ **helped.**

119 その会社に応募することにした。

I _____ __ **apply for the company.**

※apply for 〜：〜に申し込む／志願する

(113) **I can see you clearly.**
(オンライン会議などで)あなたの顔がはっきり見えます。　>> PIECE 01 020ページ

(114) **I heard that it might/may cause a stomachaches.**
それは腹痛を引き起こすかもしれないらしい。　>> PIECE 40 108ページ
※cause 〜：〜を引き起こす　>> PIECE 09 042ページ

(115) **I got to talk to Vivian the other day.**
この間ヴィヴィアンと話せた／話す機会があった。　>> PIECE 02 023ページ
※the other day：この間

(116) **I wonder if she ended up taking the job.**
結局彼女はその仕事を受けたのかな。　>> PIECE 64 149ページ
　>> PIECE 14 051ページ

(117) **I couldn't wake up at 6.**
6時に起きられなかった。　>> PIECE 03 026ページ

(118) **I could have helped.**
私、手伝えたのに。　>> PIECE 29 083ページ

(119) **I decided to apply for the company.**
その会社に応募することにした。　>> PIECE 13 050ページ
※apply for 〜：〜に申し込む／志願する

120 バスか電車、どっちに乗ればいいかわからない。

I'm ___ ___ __ I _____ take the bus or train.

121 今日はお酒を飲まないほうがいいと思う。

I _____ _____ I _____ drink tonight.

122 なんでかわからないけど、クラシック音楽を聞きたい気分だ。

I _____ _____ ___, ___ I ____ ____ listening to classical music.

123 ファイル、送ってあげるよ。

_ c____ send the file to you.

124 塩、取ってもらえる?

____ ___ pass me the salt?

125 写真、見てもいい?

____ _ take a look at the photos?

126 後で戻ってくるかも。

I _____ come back later.

120 **I'm not sure if I should take the bus or train.**

バスか電車、どっちに乗ればいいかわからない。

>> PIECE 66　152ページ
>> PIECE 04　028ページ

121 **I don't think I should drink tonight.**

今日はお酒を飲まないほうがいいと思う。

>> PIECE 38　104ページ
>> PIECE 04　028ページ

122 **I don't know why, but I feel like listening to classical music.**

なんでかわからないけど、クラシック音楽を聞きたい気分だ。

>> PIECE 57　138ページ
>> PIECE 17　057ページ

123 **I can send the file to you.**

ファイル、送ってあげるよ。

>> PIECE 01　020ページ

124 **Can/Could you pass me the salt?**

塩、取ってもらえる？

>> PIECE 01　020ページ

125 **Can I take a look at the photos?**

写真、見てもいい？

>> PIECE 01　020ページ

126 **I might/may come back later.**

後で戻ってくるかも。

>> PIECE 09　042ページ

127 ► これを見るとオーストラリア旅行を思い出すの、私だけ？

___ ___ ___ ___, ___ does this _____ you __ our trip to Australia?

128 ► 案内するね。

___ show you around.

129 ► 私だったら念のため調べるかな。

_ _____ look it up just in case.

130 ► 前はここに大きな木があった。

_____ _____ __ be a big tree here.

131 ► この薬、飲んだことある？

_____ ____ _e___ taken this medicine?

132 ► ご家族、喜んでるに違いないね。

Your family _____ __ happy.

133 ► お店の人はしばらくかかるかもって言ってた。

They ____ it _____ ____ a while.

127 Is it just me, or does this remind you of our trip to Australia?

これを見るとオーストラリア旅行を思い出すの、私だけ？　　>> PIECE 68　156ページ

>> PIECE 31　088ページ

128 I'll show you around.

案内するね。　　>> PIECE 05　031ページ

129 I would look it up just in case.

私だったら念のため調べるかな。　　>> PIECE 06　033ページ

130 There used to be a big tree here.

前はここに大きな木があった。　　>> PIECE 16　055ページ

131 Have you ever taken this medicine?

この薬、飲んだことある？　　>> PIECE 26　075ページ

132 Your family must be happy.

ご家族、喜んでるに違いないね。　　>> PIECE 34　092ページ

133 They said it might/may take a while.

お店の人はしばらくかかるかもって言ってた。　　>> PIECE 70　159ページ

>> PIECE 09　042ページ

>> PIECE 30　086ページ

134 【最近の食習慣について】
最近朝ごはんを抜いてるの。1日に16時間ファスティングをしたらいい
らしいから。最初はきつかったけど、慣れてきた気がする。

I've _____ skipping breakfast _____ because I
_____ that it's good to fast for 16 hours a day. It
was hard in the beginning, but I ___ ___ I'm
getting _____ __ it.

※skip 〜：〜を抜く　※fast：断食する　※in the beginning：最初は

135 【友達とカフェにて】
サンドイッチを買うつもりだったけど、やっぱり甘い物の気分だったから
結局代わりにマフィンを買ったの。でもそしたら、このマフィンすごいカ
ロリーがあることに気づいた。

I ___ _____ get sandwiches, but I actually ___
___ something sweet, so I _____ __ getting a
muffin instead. But then I _____ that it has so
many calories.

※but then：でもそしたら

136 【大学の課題】
あぁ。今夜までに課題を提出することになってるのに、まだ終わってない。
もっと早く始めればよかった、そしたらこんなことにはならなかったのに。
はぁ。今夜は徹夜しなきゃいけないかなぁ。

Oh, no. I'm _____ __ submit my assignment by
tonight, but I _____ finished it ___. I _____ ____
started it sooner so that this _____ ____
happened. Oh well, I g____ I _____ __ pull an all-
nighter.

※so that 〜：そうしたら〜だ

134　【最近の食習慣について】

I've **been** skipping breakfast **lately** because I **heard** that it's good to fast for 16 hours a day. It was hard in the beginning, but I **feel like** I'm getting **used** to it.

最近朝ごはんを抜いてるの。1日に16時間ファスティングをしたらいいらしいから。最初はきつかったけど、慣れてきた気がする。

※skip 〜：〜を抜く　※fast：断食する　※in the beginning：最初は

>> PIECE 20　063ページ
>> PIECE 27　078ページ
>> PIECE 37　102ページ
>> PIECE 40　108ページ

135　【友達とカフェにて】

I **was gonna** get sandwiches, but I actually **felt like** something sweet, so I **ended up** getting a muffin instead. But then I **realized** that it has so many calories.

サンドイッチを買うつもりだったけど、やっぱり甘い物の気分だったから結局代わりにマフィンを買ったの。でもそしたら、このマフィンすごいカロリーがあることに気づいた。

※but then：でもそうしたら

>> PIECE 14　051ページ
>> PIECE 17　057ページ
>> PIECE 21　065ページ
>> PIECE 41　110ページ

136　【大学の課題】

Oh, no. I'm **supposed to** submit my assignment by tonight, but I **haven't** finished it **yet**. I **should have** started it sooner so that this **wouldn't have** happened. Oh well, I **guess** I **have to** pull an all-nighter.

あぁ。今夜までに課題を提出することになってるのに、まだ終わってない。もっと早く始めればよかった、そしたらこんなことにはならなかったのに。はぁ。今夜は徹夜しなきゃいけないかなぁ。

※so that 〜：そうしたら〜だ

>> PIECE 08　040ページ
>> PIECE 22　067ページ
>> PIECE 28　080ページ
>> PIECE 29　083ページ
>> PIECE 53　131ページ

137 【サッカーをしていて突然雨が降ってきた時】
今日は雨が降らないだろうと思ってた。天気予報は20%しか雨が降らないって言ってたし。まぁでも、30分プレーできただけよかったね。

I _____ _____ it _____ rain today. The weather
forecast _____ there was only a 20% chance of
rain. Well, __ _____ we g___ __ play for half an hour.

138 【道が少し混んでいた時】
いつも市街に行くのに1時間かかるってわけじゃないんだ。40分くらいしかかからない時もある。今日は祝日だからたくさん車がいたんだと思う。

___ ___ ___ it always _____ an hour to get to the
city. _____ it only _____ about 40 minutes. I
_____ _____ ___ a lot of traffic today because it's
a public holiday.
※ public holiday：祝日

139 【ミーティングが終わった後、忘れ物を見かけた時】
机の上に帽子があった。私のかと思ったけど、違った。ケリーのかもしれない、そういえば似たのをかぶってたから。でもわからない。誰か知ってるか、聞いてみよう。

_____ _____ a hat on the table. I _____ it was
mine, but it wasn't. It _____ be Kelly's because I
r_____ she was wearing a similar one, but I'm
not sure. _____ s___ __ someone knows.

137〉【サッカーをしていて突然雨が降ってきた時】

I didn't think it would rain today. The weather forecast said there was only a 20% chance of rain. Well, at least we got to play for half an hour.

今日は雨が降らないだろうと思ってた。天気予報は20%しか雨が降らないって言ってたし。まぁでも、30分プレーできただけよかったね。

>> PIECE 02　023ページ
>> PIECE 06　033ページ
>> PIECE 39　106ページ
>> PIECE 54　133ページ
>> PIECE 62　146ページ

138〉【道が少し混んでいた時】

It's not like it always takes an hour to get to the city. Sometimes it only takes about 40 minutes. I think there was a lot of traffic today because it's a public holiday.

いつも市街に行くのに1時間かかるってわけじゃないんだ。40分くらいしかかからない時もある。今日は祝日だからたくさん車がいたんだと思う。
※public holiday：祝日

>> PIECE 10　044ページ
>> PIECE 30　086ページ
>> PIECE 38　104ページ
>> PIECE 51　128ページ
>> PIECE 69　157ページ

139〉【ミーティングが終わった後、忘れ物を見かけた時】

There was a hat on the table. I thought it was mine, but it wasn't. It might be Kelly's because I remember she was wearing a similar one, but I'm not sure. Let's see if someone knows.

机の上に帽子があった。私のかと思ったけど、違った。ケリーのかもしれない、そういえば似たのをかぶってたから。でもわからない。誰か知ってるか、聞いてみよう。

>> PIECE 10　044ページ
>> PIECE 34　092ページ
>> PIECE 39　106ページ
>> PIECE 42　112ページ
>> PIECE 65　151ページ

おわりに

　最後までご覧いただきありがとうございました。まずは、いつも応援してくださる生徒さん、視聴者さん、家族や友人に、感謝の気持ちでいっぱいです。そして、この書籍を通して私のことを知ってくださった方との素敵な出会いにもわくわくしています。本書をお手に取っていただき、ありがとうございました。

　実は今回、編集者さんから書籍のお話をいただいた際、「私にできるかな？」と不安で、すぐにお返事ができなかったんです。でも、生徒さんたちからも書籍のリクエストを多くいただくようになり、私自身もパズル英会話のまとめ版がみなさんの手元にあるときっと便利なはず！　と感じていたので、執筆を決めました。私の原動力は、生徒さんたちです。いつも本当にありがとうございます。

　最近はネットでもたくさん情報を得られますが、情報が１つにまとまっていて、さっと見返せて、書き込めて、自由にカスタマイズできる「書籍」というものは、やはり持っていて落ち着くなぁと思います。

　この書籍のコンセプトは、フレーズや文法の紹介だけでなく「パズルのように英語を組み立てる」という私の英語脳を、読者のみなさんに体感いただくということでしたが、いかがでしたか？
「覚えられない！」「すぐに忘れちゃう！」と感じている方もいらっしゃるかもしれませんが、それは普通のことです。私も、ついさっき覚えた単語を忘れてしまう毎日ですが、まぁそういうものだと思っています。焦らなくて大丈夫。「１回で覚えよう！」と力まず、「何度も聞いていたら自然

と覚えていた」という感覚を大事にしていきましょうね。そうやってじっくりと使い方を覚えたフレーズこそが、実践でも私たちの口からポロッと出てくるようになるものです。

　これからさらにレベルアップを目指す方には、短いストーリーのシャドーイングがおすすめです。日常でよくある短い会話を真似することで、発音・フレーズ・文法のスキルが同時にアップします。

　英語学習には終わりはありません。でも、文章をパズルのように組み立てる思考を身につけることができれば、その後はずっと独学で学んでいくことができます。私は、みなさんがそこにまっすぐ行きつくための「階段」の役割になれればと思っています。英語の知識だけでなく、英会話学習に必要なマインドセットなども YouTube や Instagram でたくさんシェアしていますので、ぜひ活用していただけたら嬉しいです。コメントやメッセージなどもお待ちしています。

　英語は、人生の選択肢を広げてくれるだけではなく、これまで知らなかった自分の新しい一面も引き出してくれます。そして、英会話を続けるための秘訣は、「頑張ろう！」と意気込まなくても「楽しいから、気づいたら学んでいた」と思える教材に出会うことだと思います。この書籍もあなたにとってそんな存在になりますように。

Thank you for reading till the end. I hope you enjoyed it!

Haru

金沢大学在学中に、シドニー工科大学へ派遣留学生として1年間留学。留学前は英語をほとんど話せず、TOEIC400点相当の英語力だったが、留学7か月目頃から現在の「パズル英会話」のコアとなる英語脳を体感。帰国後に英文法の勉強も行った結果、TOEIC満点（990点）を取得。大学卒業後、日本の大手英会話スクールにて0歳〜12歳の英会話レッスンと、中高生向けの文法・受験対策・資格試験対策クラスを2年間担当。その後、2018年にオーストラリアへ戻り、現地企業にてインストラクターとして3年間、保育士として1年間働く。2019年にYouTubeチャンネル「パズル英会話／Haru」を開設後、初心者〜中級者に向けたレッスン動画を300本以上投稿。現在登録者数8.9万人、合計視聴回数880万回。Instagramでもフレーズ紹介の投稿や発音解説動画が注目されている。

現在はインストラクターの仕事と動画投稿を続けながら、累計受講者数2000人を超える英語シャドーイング用教材「Shadow Me」を配信中。合計約7年間の海外生活で得た知識と英会話指導力を活かし、身近な独り言や日常会話の題材を配信している。受講生からは「リスニング・スピーキング・発音・フレーズ・文法・表現力の全てをShadow Meで向上できる！」と好評を博し、全くの英語初心者からTOEIC900点を超える上級者まで幅広いレベルの生徒が受講している。

公式HP
https://www.puzzle-eikaiwa.com/

たった70ピースを
組み合わせるだけで話せる
パズル英会話

2024年3月31日　初版第1刷発行

著　　者	Haru
発 行 者	小川 淳
発 行 所	SBクリエイティブ株式会社
	〒105-0001　東京都港区虎ノ門2-2-1
デザイン	吉村朋子
イラスト	都筑すみれ
Ｄ Ｔ Ｐ	クニメディア株式会社
校　　正	鷗来堂
ナレーション	Haru
音源制作	Haru、伊藤孝一
編集担当	北 堅太
印刷・製本	株式会社シナノ パブリッシング プレス

本書をお読みになったご意見・ご感想を
下記URL、または左記QRコードよりお寄せください。

https://isbn2.sbcr.jp/20233/